燕子夜话♥

谁都有权更幸福

燕子 著

文匯出版社

女人的幸福只和自己有关

陈彤/文

那天跟几个朋友一起聊天，说到一项调查——美貌、事业、爱情，三项只能选择一项，你选择哪一项。女友告诉我调查结果，大部分女孩子都选择“美貌”，理由是，有了美貌，另外两样都会有。

我和女友立刻叫起来：当然错啦。要选事业，有了事业，才会有其他两样。美貌是易碎品，就那么几年，你能美貌多久？而事业是长久的啊，有了事业，即便你不是天生妩媚动人，别人也会感觉到你有气质——事业是光环。

虽然有事业的女人不一定都结婚有丈夫，但这不代表她们没有人爱，或者不代表她们缺乏爱。她们比多数尽管结了婚，但成年陷在婆媳战争、家长里短中的女人，要幸福得多。

很多人说男人有事业是这样，但女人不一定，即便是做到女皇武则天，内心也是凄凉的。多数时候，女人要讨论的话题，不是在美貌、事业与爱情之间选择，那是小姑娘时代的想入非非，多数女人要讨论的是，怎么才能嫁得好一点——因为多数女人既没有傲人的美貌也没有傲人的事业，所能选择的，可能就是嫁这个还是嫁那个？或者怎么让他对我好一点？这就是寻常女人的幸福了！

女人的幸福只和她自己有关。她可以决定自己找什么样的男人，过什么样的生活，以及幸福与否。

很多女人都曾遇人不淑，比如有的女人曾被男人骗得人财两空，但人家擦干眼泪一亮相，照样是国际一线明星，照样享受新的爱情新的事业新的生活，而有的女人则可能一辈子就陷入这一泥沼，这就是所谓的“性格即命运”。

寻常女人，要懂得寻找合适的男人，如果不幸遇人不淑，要学会把这一次当作“经历”，只当学游泳的时候呛水，打篮球的时候摔伤，没什么大不了的，不经历风雨怎么见彩虹？

燕子是我们这个城市里最优秀的倾听者之一，她有着天然的亲切感和善于进入别人内心世界的天分，洞悉了那隐于纷繁的没落，归于寂寥的喧哗。没有噱头、没有矫情、没有讳饰，心驰神往全来自那份恳切、那份纯粹、那份坦然。

设若人的一生是条路吧，感情这东西便该是路边的道道风景。当你回眸，一切只剩下恍然的背影。

《燕子夜话：谁都有权更幸福》收拢了这些背影，并以美的方式展示给更多同在背影中游弋的人们。

很多时候，在爱情已经消逝许久之后，我们所记得的可能是一段悠远的旋律，一句哀婉的唱词，一首诗，甚至是一片黄昏的颜色。而于此刻的我，就是手边这本名字叫做《燕子夜话：谁都有权更幸福》的书，某个章节，某句对白。

Part 01 谁都有权更幸福

Part 02 当心，每份幸福里都有刽子手

Part 03 管好幸福的十二个法则

Part 01

谁都有权更幸福

一开始，我就迫不及待想讲一些“特殊”的情感故事。因为特殊，所以感人。这些人事，有的是痛彻心扉，有的是追悔莫及，有的是扭曲纠结……但感人不是我的最终目的，感人也远远抵达不了故事的价值中心。

我讲这些的目的，不是为了晒不幸，或者吸人眼球，我是希望透过这些人生百态，逐渐读懂我们真正该珍惜什么。

许多为情所伤的男女会向我诉苦，有的是不再相信爱情了，有的是不再相信男人了，有的是觉得自己的情感不幸，人生绝望，仿佛一段感情给自己带来一失足成千古恨的境地。

关于每段感情，就像描述哈姆雷特，千人千样。我不能站着说话不腰疼的样子去教育，劝什么样的伤，无论你留下多么丑陋的伤疤。但这些经历都不能成为剥夺你幸福的武器！

想要拥有自己的幸福权，就一定要有足够的勇气来斗争。柔弱会助长那些乐于指手画脚的小人的气焰，也会将你的内心牢牢禁锢，无法让幸福的阳光照进心房。将自己的感情、人生托付在他人的评论里，而不能做自己的主宰者，实在是太愚蠢。

记得我读书的时候，不知何时，在笔记本上写下过：“走自己的路，让别人去说吧！”但长大后，我们发现，一个鲜活的人，是存活在生活中的“社会人”，永远也无法做到那么洒脱。

每一个人在生命的初始，在他呱呱落地的时候，都是平等地充满希望和美好的人。但生命是充满变数的，是不确定的，即使你态度再诚恳、生活再认真，你也不能保证自己能否活到八十岁，婚姻能否长久，是否先爱人而逝……生命的途中，出现了各种大大小小的意外，造成命运中的各种磨难和励志。

所以，我想说的是：遇到一份珍贵的感情，一定要先敢于坚持；假如需要我们做出抉择时，该放手时，一定要舍得放手。不必总沉溺在往事的旋涡里不能自拔，人生就是不停地走路，不停地抉择。

既然是属于自己的感情，无论对错，起码都应该被尊重。能够坚持的我们继续战斗，不能够坚持的我们也要有尊严地放手。往事如流星划过心脏，痛了哭了都不要紧，最重要的是相信未来会活得更精彩！

擦干眼泪，大胆地往前走！

不管如何：

遇到该爱之人可托付终身，轰轰烈烈无怨无悔！

发现爱错人或者不该爱的人，改悔转身说声再见！

受伤的人不是不幸的！是幸运的！

除了你自己，没有人能阻止你获取幸福的权利！

幸福能力之一：真爱大过天

那种懵懵懂懂的爱恋伴随着他成长，成为他一生最柔软的时光，他努力想要冲破，最终明白，有些爱，深埋才算最圆满的美好。

让我们抵死相爱

程牧出生在一个安宁静谧的小山村，八岁那年，父亲患绝症瘫痪在床，没过多久就发病离开人世，母亲在一个雨夜丢下他，远走他方杳无音讯。家徒四壁，小小的他站在四面漏风的土坯房中搓着一双脏兮兮的手不知所措，那时，邻居家的管姨回家了，她牵过他的手，轻轻地叹息着，眼睛中饱含着泪水。

那一年，被程牧称为管姨的女人，其实也才二十七岁，她十六岁就离开家乡去了城市，一边打工，一边读书，渐渐出落得时尚大方，已然是个时髦的城市女郎。

管姨的身世很是坎坷，父母早逝，留下她独自一人面对生活所有的困难和苦痛，她有一个相恋七年的男友，原本已经打算走进婚姻的殿堂，两人最终因为他出国深造而分道扬镳。回村那一年，正是她和男朋友分手的时候，她万念俱灰，一个人回乡下散心，这一散心，就意外遇见了年幼的程牧。

二十七岁的管姨，正是女人最美丽的年纪，成熟、饱满，可是带着一个身世不明的七八岁的男孩，不免遭人侧目。她却全然不顾那些满天飞的流言飞语，一如既往地对他好，毫不在乎其他人的眼光和盘问，那段与管姨相依为命的日子是程牧一生中最美好的时光。

在管姨的细心呵护下，程牧原本残缺的童年变得五彩缤纷，但仍然有一件事让他觉得惊心动魄，那件事在他的额头上留下了一个伤疤，成为他一生都骄傲的回忆。

那一天，在放学回家的路上，程牧和一群男孩厮打起来，对方足足有十几人，把瘦小的他团团围在中间，他像一头发怒的小狮子，咆哮着，手脚并用，一次又一次往外突围，直到其中有一个男孩捡起地上的一块石头，狠狠地砸向他的脑袋，顿时，鲜血直流，程牧的脸上血红一片。

男孩们都害怕了，傻傻地看着怒吼的程牧，说不出话，程牧一只手捂着脑袋，一只手指着男孩们问："谁还敢说我是野种!"他用尽了所有的力气喊，在他心里，被人骂被人瞧不起都没关系，但是"野种"那个词，诬蔑的是管姨，他最敬最爱的女人。

许是被他那种不怕死的阵势吓傻了，谁都不敢吭一声，而在一旁"观战"的女孩们，哭着去找了管姨。

管姨赶到的时候，程牧站在水泥地上摇摇晃晃，她跑过来，蹲下身子一把抱起他，不顾一切地跑到马路中间，拦了一辆出租车。管姨的身子又暖和又柔软，程牧觉得很冷，整个人缩到了她怀里。

醒来的时候，他躺在医院，脑袋上包着厚厚的纱布，手边枕着管姨的脸，他动了动，管姨便醒来，心疼地看着他，他小声地叫了声："姨。"管姨心疼地替他盖好被子，问："为什么打架?"

"姨……"程牧又叫了一声，欲言又止，他不愿用"野种"那个词伤害管姨，可是管姨倒是笑了，说："傻孩子，我已经问过那几个小姑娘了，下次谁还敢这么说，我揍扁他!"

程牧出院后，还是有人闲得无聊瞎扯，在背后嘀嘀咕咕地说，没爹的娃就是野种。管姨攥着程牧的手，攥得紧紧的，回头笑笑："是不是亲生关你们什么事，他就是我的娃。不信哪个站出来给我看看，谁的衣服有他的干净漂亮？谁的书本包得比他的整齐？谁的午餐比他的丰盛？你们小小年纪就会嚼舌根子，才是爹妈没教好!"

自那次以后，程牧再也没有和人打过架，只要一摸到额头上的那块伤疤，他就明白，无论别人怎么看他，这个世上最亲的那个女人，疼他爱他，视他如生命，他再也不会生不知所谓的闷气，他要为了她，保护好自己，他还要快点长大，妥妥当当地照顾好她。

管姨才华横溢，是一家出版社的编辑，文笔细腻，神采飞扬，程牧跟在管姨的身边，偷偷地看遍她所有的文字，有些句子他怎么也看不懂，懵懵懂懂，但他闭上眼睛，就觉得那些文字仿佛都有了生命，在他眼前跳跃着，充满了生机。

一个单身女人与一个小男孩平静的生活，断断续续的，不是没有男人想进入他们的世界。

程牧十五岁读初中那一年，曾经有一次，管姨差点要和一个男人谈婚论嫁。那男人是个工程师，高大稳重。不知道为什么程牧不喜欢他，总觉得他的满脸笑容是刻意堆出来的，假得要命，他只有当着管姨的面才笑，而当程牧单独面对他的时候，他就立刻收起笑容，虎着一副脸。

有天程牧在阳台上写作业，他谄笑着问："你的亲爹妈呢？一次也没来看过你？"程牧一下子呆了，望着他不知道说什么好。他冷笑两声，又问："你难道不想乡下的爷爷奶奶吗？"程牧怔住了，不知道怎么回答，乡下的爷爷奶奶，的确还健在，但他对爷爷奶奶的印象很模糊，好像只见过一两次。而且爷爷经常卧床不起，奶奶又总是在打麻将。他从来没想过要跟爷爷奶奶住到一起。

可是这样说起来，程牧的确是个不孝子，爸妈没了，爷爷奶奶还在，他为什么一点都不想他们呢？正当他茫然无措时，管姨铁青着脸走过来，牵起他的手什么也不说就回房间。

晚上程牧一个人闷在被子里哭。管姨走到门口，没有进来，仿佛在犹豫要不要进来安慰下他。他停止了哭泣，他觉得自己好丢人，都是大男生了，怎么还这么没出息。他觉得不能让管姨担心，他以后要坚强，将来要保护管姨呢。

他正躲在被窝中啜泣的时候，门被打开了，管姨蹑手蹑脚地走进来，什么都没说，只是隔着被子，抱住了他，轻轻地拍着他的肩膀。

再后来，这个男人再也没有来打扰他们的生活。

他们一直相依为命。管姨把一切都处理得很好，包括让程牧顺利健康地度过青春期。

十八岁那年，程牧考上了名牌大学，拿到录取通知书的那一天，管姨笑得很灿烂，眼角皱起了细长的鱼尾纹。可是那一刻，程牧却觉得她是天底下最美的女人。

她笑着，笑着，突然拉过他的手，略带撒娇地说：“走，小伙子，陪姨去逛街。”程牧和大多数男生一样，最不喜欢逛街了，可是看着管姨兴奋雀跃的样子，忍不住连连点头。

到了商场，她带他逛的区域全是男装、运动装。只要他驻足喜欢的东西，她马上就买下来，拦都拦不住。她还振振有词地说：“你长大了，又这么高大帅气，要穿得像样，才不会被人笑话呢。”

那一天，程牧试了很多衣服，在镜子里看见站在身后的管姨，笑盈盈地看着他。那一瞬间，他发现，自己真的长大了，再不是那个茫然的八岁小男孩，他比管姨高出了一个头，她可以偎依着他，可以躲在他背后，想到那些，他红了脸，怕她看出什么端倪，他立即躲到了试衣间，心却跳得很快，久久不能平静。

程牧的大学，就在本市，但也要住校，他基本上周末才回家看一次管姨，和管姨相依为命了那么多年，一开始，他还有些不习惯。

管姨有时会关心地问他：“有女朋友了吗?”他总是笑笑不做声。学校里倒是有几个还算出色的女生总喜欢围着他，但他一个也看不顺眼，他也很少和女同学说话。在他眼里，她们都幼稚肤浅，还总是希望被人哄，要人陪，疯疯癫癫，根本不淑女。

管姨那时已经是杂志社的主编，出落得更加成熟动人，有时候会去学校看程牧，给他送吃的、用的。那是程牧最幸福的时候，他远远地看见走在校园林荫大道上的女人，穿着一身黑色的连衣裙，驼色大衣，黑色高跟鞋，长长的卷发披在肩膀上，优雅风情。他就那样看着，觉得已经足够。

渐渐地，他发现同学们喜欢在背后议论自己。程牧开始也不怎么放心上。因为自己的身世，已经习惯人家议论了。直到有一天，一个和他关系很要好的哥们把他拉住，小心翼翼地打探：“他们说你有个年纪比你大好多的姐姐，跟你很暧昧?”

程牧有点激动，紧接着问："谁说的？"

那哥们用很八卦的语气说："不用谁说啊，咱班好多人都看见了，你跟他逛商场，亲热得很呢！"

"什么亲热不亲热！"程牧有些着急，支支吾吾对不上话。

那哥们略有所思地说："大家都觉得她长得挺有味道的，难怪你看不上咱班这些小女孩，原来是喜欢御姐啊！"

程牧本来想给这个男生一拳，但是略一思索，脸慢慢红起来，"味道"，同学们也说管姨长得有味道。他有些烦躁，匆匆解释说："你们真爱瞎闹，那是我小姨，我唯一的亲人。"

可是，他的心中却泛起了一股涟漪，起先只像平静的湖面起的一些波纹，后来，那些波纹慢慢地荡漾开，他把过去的时光糅合在一起，发现自己陷入了一个旋涡，他竟然十分想念管姨，他的心中，有一处最柔软、最隐秘的空间，完完全全装满了她。

以后的日子，依旧还是平静如水，管姨对他依然像亲儿子一样地好，他依然很努力读书，很听管姨的话，可是每次他见到管姨的时候，总是有点异样的感觉，那种感觉堵在喉间，让他麻麻痒痒地想说一些话，又说不出来，他只能偷偷地看管姨，每看一眼都觉得是一种罪恶。他知道，他看管姨的眼神，不是亲情那样简单。

程牧除了读书，业余时间也开始打工兼职。拿到第一份工资的时候，他兴奋地跑到首饰店，想替管姨买一点首饰，他在柜台前徘徊着，拿起一枚又一枚戒指，他知道她手指的尺寸，那双手，牵了他十几年，他太熟悉了。

可是，最终，他选了一枚蝴蝶胸针，镶满了亮闪闪的水钻，翩翩起舞，他把首饰盒放进了口袋，准备在管姨生日的时候送给她。

接下来的一段时间他突然发现管姨有些不对劲，经常在镜子前打扮，一件一件换衣服，偶尔还哼一两首当下的流行歌曲，像一个天真烂漫的小姑娘，程牧心中有些发闷，莫非，她有男朋友了。

一个星期五，程牧接到管姨的电话，要他早点回家，出去和她一起吃晚饭。她对着镜子慢悠悠地化妆，换衣服。程牧故作漫不经心地问："有人帮你介绍男朋友？"

管姨笑了，说："我都是超龄剩女了，还谈什么朋友，是你肖叔叔，多年老同学，好久不见了。"

路上管姨告诉程牧，前段时间同学聚会，她和肖叔叔联系上了，他现在也是单身，妻子几年前去世了，留下一个七岁的女儿，一个男人又顾事业又顾家，很辛苦。

他漫不经心地应着，渐渐觉得脚冷起来，心堵得慌，管姨还在说着那个男人的事，程牧一任性，把头扭向了窗外，看着窗外不断往后倒退的高楼，他忽然有些不好的预感，或许，他就要失去这个女人了。

到了饭店，程牧很客观地打量着肖叔叔，一副标准的中年男人模样，微胖，但并不臃肿，眉宇间尚有几分英气，不够高，但很成熟，眼神很真诚。

他对程牧很好，很亲切，一副爱屋及乌的样子。他给管姨夹菜，也给程牧夹，很快，两个人的碗中就堆满了菜，那场面，怎么看都像一家人其乐融融的聚会。

管姨很开心，程牧知道她很开心，是那种发自内心的开心，他想一起替管姨开心，可是，心却微微地疼了起来，怎么都止不住。

到了家管姨问程牧："你觉得肖叔叔怎么样？"他说："人不错，还是老同学，我当然说好了。"

说完他就走进了房间，躺在床上，睁着眼睛看着天花板，就那样一直到天明，脑子里乱糟糟的，怎么理都理不顺。

回到学校他就奇怪地病了，浑身发热，时好时坏，他却撑着不肯落课，只觉头重脚轻，终于栽倒在教室。

醒来时，他躺在医院里，手背上插着针管，管姨坐在旁边看书。管姨紧张地去摸他的头："总算醒了，都累出肺炎了，你这孩子，学习也不能这么卖力啊，身体不要了？"

这是他第二次在医院里，一醒来就能看到这个女人，他偏过脸，流了泪。

管姨除了上班，就是在医院。每每从昏睡中醒来，就立即搜寻她的人，要马上看见，才能安心。

程牧听见她和肖叔通电话："孩子病了，我这几天都没空，等他好了我跟你联系。"

程牧脸上露出淡淡的凄凉，此时此刻，他觉得自己有点不道德的想法，他多希望自己能一直病，能让她天天守着自己，这样就不会离开她，她的生活不会有机会被别人占据。虽然他觉得自己这样很邪恶，他也希望管姨能有个依靠，可是，可耻的情绪总是控制不住地浮出心海。就这样长病不起吧，像一个世纪那么长。

可一个世纪很快到了，程牧住了一星期院就回家了。管姨在他房门口摆了张沙发，晚上就躺在上面，他略有动静她就爬起来探视。

肖叔叔买了大捧鲜花和水果来探望程牧，体贴地陪着他聊天，鼓励他，俨然一个有责任心的父亲。程牧心里清楚，最终，私心还是占据了上风，他不买账，他不要被这个男人收买，他不想失去管姨。

半夜他做梦。梦见管姨和肖叔叔终于结婚了，管姨穿着白纱的样子非常美丽，而他这么大的个子充当的居然是花童的角色。管姨愉快地微笑着，却就是不回头看他一眼，他清晰地闻到新娘花束上飘来的百合清香……他猛地坐起，醒了，半晌，又躺下，绝望地闭上眼。

黑暗中他听见管姨走进来，接着床头的小灯开了。她关心地问："做什么梦了？出了这么多汗？"他在那一动不动，装睡。

这一病，从出院后，又断断续续拖了大半个月。等到他痊愈，他和管姨都瘦了一大圈。她说："还是回家来住吧，学校那么多人一个宿舍，空气不好。"

她天天来学校接送程牧，车子不能进学校，他们要走过一段绿意盎然的林荫小道，他们一前一后走着，程牧想追上前和她并排走，她总故意保持着距离，他知道，她是不想别人再说闲话，他已经不是当年那个小男孩，为了一句闲话与别人拼得你死我活了。

他的心中充盈着忽喜忽悲的情绪，看着前方女人的背影，眯起眼睛，他想上前抱着她，紧紧地抱着，就像他小时候，她给过他的那些拥抱，但他最终没有迈出那一步。

以后肖叔叔再也没来过家里。过了很长很长的一段时间，他听说，肖叔叔结婚了。

程牧顺利地毕业，也很快找到了工作。

他们愉快地、安详地过着，没有旁骛，只有两个人相依为命。既然什么也不能说，那么就这样维持现状也是好的。

但上天却不肯给他长久的幸福。

程牧独自完成第一个项目的时候，管姨的单位打来电话，说她在单位加班赶稿子时晕倒了，已经被送到了医院。他当即扔下了文件夹，跑到停车场开了同事的车，一路疾驰到了医院。

管姨瘦弱的身体包裹在医院单薄的白色床单中，垂着眼帘，鼻子上插着氧气管。医生问他："你是他家属吗?"

他狠狠地点头，是家属，是亲人，他们是这个世上彼此相依的亲人。

许是见多了生离死别，医生的语气也是平淡的："是子宫癌晚期。"一字一句打在他的心间，他有些站不稳，扶住了身后的墙，机械地追问："还有多少日子?"医生说："一年左右。"

他点点头，不停地提醒自己，不能哭，不能倒下，她，现在只有自己了。

他走进病房，替熟睡的她拉好被角，把脸轻轻靠在她的胸口，伸出臂膀，轻轻地拥住了她，就像她从前给的那些拥抱一样，他就那样长久地用臂膀护着病床上的她，听着她的心跳和呼吸。

几天后，他把管姨接回家，瞒了子宫癌的事，用男人的语气对她说："你呀你，只顾工作加班，胃都熬出一个洞了，医生说必须在家静养，不然以后都吃不到好吃的东西了。"

她挣扎着要去出版社上班，哪料程牧已经到出版社和领导打了招呼，强迫她放大假，加上身体原本就虚弱，她只能像个孩子呵呵傻笑着对他说：“好，你现在翅膀硬了，会管事了，我就答应你，好好休息。”

于是，白天程牧上班，请一个钟点工帮她收拾收拾屋子，中午和晚上，由他自己照顾她。平日里，她虽然不去单位，但依然会写写稿子，养养花。

有时管姨会笑着说：“看，都让我拖累了，本来应该是和女孩子出去约会呢。”

他也笑：“女孩子，别开我玩笑了，那还不是没谱的事儿呢。”

每天吃过晚饭，他和管姨出门散步。他挽着她的臂。除掉比过去消瘦，她仍然美丽大方，岁月好像不曾在她脸上留下任何痕迹。不明真相的邻居们都夸着儿子真孝顺，在外人眼里，这何尝不是一幅天伦图，只有他，在美丽的表象下看得见残酷的真实。他清醒地悲伤着，他清晰地看得见自己和管姨最后的日子一天天在飞快地消失。

他越来越喜欢书房，饭后总是各泡一杯茶，和管姨用电脑打一会儿扑克。有时也替她整理书稿，她躺在藤椅上，疲倦地闭着眼睛，告诉他哪些资料该怎么分类。但有一叠东西她说什么都不准他动，每次都自己偷偷躲起来收拾。

好奇心驱使，程牧趁着管姨上厕所的时间，忍不住翻出那叠资料偷看。是厚厚的几大本日记。

“今天第一次看到牧牧，好像看到八岁的自己，那样绝望、无助，不能让他像我这样痛苦地成长，我要带他走。”

“牧牧十岁生日，许愿说要管姨永远年轻。他真懂事！”

“我相信，一个不喜欢孩子的人不配拥有我的爱情，他不是我的真命天子。”

“真想看到牧牧结婚的样子，一定很美好。”

……

“医生宣布我的生命还剩一年。我无惧，只是我放不下牧牧，他长大了，已经不需要我为他操劳什么了，可我舍不得他……”

程牧捧着日记本，呆了好久。听见洗手间的冲水声，他赶紧把没看完的日记放回原处，跑到阳台上，冬天凛冽的风吹得他的眼睛发疼，他使劲摇着头，骂自己没出息，不许哭，他现在就该像个男子汉，给她所有依靠。

管姨是第二年的春天走的。临终，她握着他的手说："本来想亲眼看着你娶媳妇儿的，唉，来不及了。牧牧，管姨，对不起你。"

他握紧管姨的手，哽咽着，半天不知道说什么。其实，他真的想说出那句话，那几个字。可是，却忍住了。他不希望她了解到他的心思，他只希望对她好就足够了，可是，她又残忍得根本不等着自己去报答她，疼爱她的机会。

那晚，她平静地走了，穿着她最喜欢的米色连衣裙，领口的那枚蝴蝶胸针翩翩起舞，美丽得像不食人间烟火的精灵。

程牧整个人都静止了，机械地打理着她的身后事，一切安置妥当之后，他回到他们共同的家里，熟悉的味道，一切似乎还是平静温馨，丝毫没有变。他并没有哭得昏天黑地。

半夜醒来，他似乎还能听到她站在他的门口，悄悄推开门，给他盖好被子。

在书房整理杂物的时候，他看完了那剩下的几本日记，有一本已经落满了灰尘，翻开封皮，里面空空的什么都没写。只在第三页的一个角落里写着：

> 君生我未生，
> 我生君已老。
> 恨不生同时，
> 日日与君好。

日记本旁边是一张房产证，写着程牧的名字，是她偷偷拿着他的身份证去过户的，字迹娟秀，到这时，他的泪堤，彻底崩塌。

【燕子心语】

有些爱只能铭记于心

爱是信仰，但不是唯一的出路。

故事里的管姨不是不懂得爱、孤苦伶仃的“老女人”。

相反，她是个有着善良、温柔、极大人格魅力的女性。最伟大的一点是，她懂得什么是真爱。

直到最后，他们之间没有道破，故事覆上一层凄美。遗憾是美好故事的必要因素。

但其实，只有这样的隐忍，才是对彼此最好的珍惜。也是故事最完美的结局。

现实生活中，有多少不负责任的男男女女，禁不住所谓爱的诱惑，把美好变成庸俗。

人世间，没有不道德的爱，只有不负责任的感情！我很欣赏为爱不顾一切的人们，但不代表我都支持！我们的社会已经步入多元化，任何一种恋爱模式只要不伤害社会，都不应该被阻拦。不伤害社会，不代表不伤害别人，很多时候，选择不慎，单单感情用事，可能等于慢性自杀。想想，这段“母子”般的爱慕，如果更进一步，抛开世俗的压力不说，对男女主角不一定是好事。别以为我危言耸听，任何人都难以脱离社会的影响而独活，谁也不是杨过和小龙女。男孩读了大学，终究会深入社会关系网里，而女人单身带个孩子已经很不容易，一旦过界，亲情变成不羁之恋，随时而来需要面临的问题，很可能会压垮男孩稚嫩的人生观。

故事好听，但故事里的人未必好过。假如在我们的身边，自己或朋友遭遇到类似的情况，千万不要不负责任地轻易叫好。我们应该冷静下来，提醒自己或别人，我们是不是可以活得更好，爱得更好？许多拧巴的感情，只是在特定的环境下，才被强烈地放大。痴恋往往是因为看得狭小，走出心底那个寂静的世界，才能发现鲜活的世界里，有痛，有爱，才算圆满！

幸福能力之二：不一定要选养眼的，靠谱才最关键

再后来，她的美艳和神秘统统化作了一幅人世间最烟火的画面，他错过了，错过了那些隐藏在心底最深的渴望，他知道，这辈子都不会再有那样的情愫。

下一站的幸福里没有你

白妃暄光艳地像一盏明丽的聚焦灯，她站在哪里，目光就聚焦在哪里，身材高挑，凹凸有致，妩媚诱人，浑身泛着一层少妇特有的柔软光泽。韩潇也一样，棱角分明，魁梧健硕，走到哪里总能引起女人内心的蠢蠢欲动。

如白妃暄那样的女人，自然招蜂引蝶，得到许多人的垂爱。韩潇也是其中一个，可是他自认为，他对白妃暄的感觉是和其他人不同的，不是浮在外表上的肤浅，他除了爱白妃暄的外表，更想探究到她内心的神秘。

在朋友的聚会上遇见她，她在一群女人中艳冠群芳，有人见韩潇的眼神发了愣，就不以为然地道出了白妃暄的八卦，结了不知道几次婚了，是个烂货。

当一个女人说另一个女人是“烂货”、“贱货”之类时，不管当时是什么情形，不管她身上披着多少名牌的LOGO，那一刻，都庸俗得要命，于是，韩潇挑挑眉毛，端了一杯香槟，上前搭讪。

她竟然对自己的往事一点都不避嫌，凑近他的耳朵，夹着香甜气息的热气钻进他的耳廓，她问：“很好奇吗？那请我喝一杯吧。”

就这样，原本在冗长的聚会中昏昏欲睡的韩潇拉起白妃暄的手，逃出了会场，他习惯性地脱掉西装，披到白妃暄肩膀上，上前拉开了车门。

她用双手把西装拉紧，怀抱着自己，低头钻进了副驾驶室，眼睛中泛着亮晶晶的光芒。夜晚的风果真有些凉，而她的礼服，几乎露出了整片背，紧致、无瑕。

面对面坐着，开了一瓶红酒，从她喝酒的姿势，他便知道，这是一个过惯好日子的女人，懂得品酒，更懂得挑逗。

她的脚尖在桌子底下轻轻碰了他的鞋，表面却一本正经地微笑，她说，毕业就扯了结婚证，怀孕两个月时离了婚，二十八岁之前，她只干了两件事，扯结婚证和扯离婚证。

他试探着问，那你现在多少岁？

白妃暄将眉毛一挑，“二十八岁三个月零七天。”说得精准无误，好像已经猜到有人会问这个问题，做了充分的准备。说完后她又调皮地笑笑：“绅士问女人年龄是很不礼貌的事，不过，我原谅你。”

韩潇在心里忍不住想：“她为什么会原谅自己？会不会看出自己被她电到了？想和他结婚？然后再离婚，分财产？”他的脑袋里打满了问号，也怪不得他过于敏感，关于白妃暄的“传说”，他已听了很多版本。

其实，在这次聚会之前，他就听过很多。只是在聚会上，才是第一次真正“会晤”，他把听到的那些故事联系起来，和眼前的女人怎么都搭不上边。

这么可爱的女人，怎么会是一只专门分割财产的毒蝎呢？

最骇人听闻的一个传闻是，白妃暄嫁的都是大款，从来不做婚前财产公证。

灯光下，他盯着白妃暄漂亮的脸蛋，她完全有资本让男人对她神魂颠倒，让男人为她一掷千金。他知道，她点酒的时候已经很手下留情，只要了一瓶 2003 年的拉菲。他没心疼，他觉得这钱花在白妃暄身上，值了。

一个男人爱一个女人，要么舍得为她花钱，要么舍得为她花时间。这两样，他都占了。狡黠的白妃暄，她没有接招，笑容款款却不深情，就连送她回家的机会，都没有给他。

可是，在夜深人静的时候，她又给了他一个电话，说她已安全到家，让他不必担心。

当晚，他就失眠了，梦里全是姿态万千的白妃暄，风情万种得让人难以抗拒。早上，他把这个梦当成笑话告诉白妃暄，她马上回过来短信，“瞧，你们男人也就这点出息。”

换了其他女人，他早就收起绅士风度和矜持的虚伪，鲜艳的玫瑰，火辣辣的吻，不要脸皮地掳掠女人的芳心。可面对白妃暄，他觉得这些所谓的浪漫手法，全都低级无趣。

她不是一般女人，他没法这么做，不是怕她拒绝，而是怕从她眼里流露出的暧昧和蔑视。当然，他自己也有顾虑，女人再世故老练，也是女人，万一她动了真情，他又不知道该怎么收场了。他还没准备好，还不确定对那个女人的真正情愫。

对于他无法驾驭的女人，是不能贸然行动的，他怕到时无法全身而退。三十二岁的男人，学会为自己的爱情留退路，这是常态。

他想娶一个贤妻良母当老婆，却爱上成了精的白妃暄。他现在有两条路可以走，一是把白妃暄调教成贤妻良母的样子，二是放弃爱她。这都不是他能掌握的事。有一哥们儿支招，把她闷到锅里，煮成熟饭。

他笑：“你当白妃暄是小处女呢?”这招即使不管用，他还是很想用。这是凡夫俗子的本能，可是，白妃暄并不买他的账。她摇曳地从远处走来，留给他擦肩而过的香，却巧妙地躲开他伸过去的手臂。

其实，他只想扶她一下，台阶有点高。白妃暄不温不火的拒绝，让他心生不快，她分明就是微笑着践踏男人的尊严，可是，他依然没办法给她脸色看。

白妃暄说得对，男人本来就贱，在漂亮女人面前，更贱。

自从在上次的聚会上和白妃暄碰面，他已记不清这是第几次和她约会，每次，她都爽快应约。他想，成年人之间的事，大家心知肚明，无需说得直白。暧昧总得有个时间，因为大家都不年轻了。

白妃暄结束了这场暧昧，她问得很直接："想泡我是吧？"

他不敢贸然接招，沉默地笑笑。白妃暄弹了弹烟灰，"你是我见过的最没劲的男人，虚伪。"

他抬起头，一不小心掉进她的深深的双眸。认了吧，他举起酒杯，"行，你说泡就是泡。"

白妃暄咯咯地笑着，"他可是很难养活的，你不怕他把你的老底都给花光？"

他的心里打了个激灵，看来，她的传说并非空穴来风。看出他的顾虑，白妃暄又说："实话告诉你，难养活的不是我，是我儿子。"

他怎么就忘了，像白妃暄这样结婚离婚的女人，怎么可能会没孩子？他有些后悔，在她问他是不是泡她的时候，他应该否认。

白妃暄步步紧逼，"怕了吧？我就知道，你们男人都是自私鬼，都不会接受带孩子的女人。"

"儿子多大了？"他问。

"七岁。"白妃暄一仰脸，眼神坚定。

此后，再也没谈关于儿子的事。那顿饭吃得匆忙，白妃暄执意买单，他没有拦。这也是第一次，他没主动要求送她回家。

原来，放弃对白妃暄的爱是如此简单，只因她有一个七岁的儿子。有半个月的时间，他没约她，没有以任何理由和她联络。

他和白妃暄，就算结束了吧。再说，他们根本就没有开始。这样一想，他再和谁谈恋爱，也没必要向白妃暄交代。而立之年的单身男人，工作稳妥，无不良嗜好，很容易赢得年轻女孩的好感。

徐小乐就是这样被他吸引的，她二十三岁，大专刚毕业，在商场化妆品专柜实习。她所在的商场，韩潇以前常带着白妃暄去逛，还给她买了N套化妆品。这是她最喜欢的牌子，徐小乐自然记得他，再去时，她跟他打招呼："她对商品满意吗？"

"谁？"他居然恍惚了。

"你女朋友呀。"

他不想和徐小乐解释太多，两个字打发她："分了。"

竟然顺理成章，他就和徐小乐在一起了，牵手，接吻，上床，在一天内完成。只半个月的时间，他就把白妃暄给忘了。在此之前，他还大言不惭地说自己爱她。

他说不出到底爱不爱徐小乐，可他总会习惯性地惦记着她。比如，下雨的夜晚，他在外面应酬，没法去接她，就会担心她会不会出事。比如，她歇班在家时，他在公司会想今晚她又给他做了什么好吃的。他安慰着自己，也许这才是实实在在的感情吧，和痴心妄想完全是两码事。

他从未这样想过白妃暄，要想，只是想她的身体，想和她上床。白妃暄从未给过他这样的机会，却在他和徐小乐同居之后，让他去她家一趟。

白妃暄的声音很急，儿子高烧不退，她怕得要死。

匆匆赶过去，白妃暄坐在床边，守着儿子哭个不停。她扑进他的怀里，他没拒绝，轻轻拍了拍她的背。那一刻，他说不清对她是怎么样的感情，更多的，是对单亲妈妈的同情。

高烧引发急性肺炎。医院里，小家伙安静地输液，白妃暄的脸上总算笑了，抹了抹眼泪，说谢谢。

他一看表，将近十二点。徐小乐的电话打来，他没有回避白妃暄，当着她的面接了电话。走时，他特意看了看她的脸，很平静，眼睛一眨不眨地盯着儿子。

这样也好，他的心里不会愧疚。

白妃暄不是个纠缠不清的女人，或者是，她不屑于和他纠缠。只是，那天从医院离开后，他的眼前常晃动着白妃暄的模样，不是风情，不是美，而是她因担心儿子，蓬头垢面，神色憔悴的样子。

心，终究是疼了，小心翼翼地给她发了条信息，"你好吗？"良久，她回过来，“好，谢谢。”

他越发地想她，用不明所以的借口请她吃饭，见到她，却又不知要说什么，也不知为什么会想她。

白妃暄大方坦然，主动要求他送她回家，他居然有受宠若惊的感觉。白妃暄笑，笑得有些惨然，问：“怕我吃了你？”

他无从反驳，默默地送她到门口，她说：“谢谢，请君留步。”

这样的客套，彻彻底底地划清了他和她的距离。她和他一样，对待感情不敢贸然。从一开始，他们就知道，彼此都是为自己留退路的人。

然而，真正的爱情，是所向披靡的。他和白妃暄，两个步履维艰的人，注定不会走在一起。

想通这些，已是半年后的深秋。他和白妃暄都憋了一股劲，大有“老死不相往来”的倔强，好像谁先拨通对方的电话，谁就败了。

他嫌徐小乐的工作强度太大，无暇照顾家里，就托人给她找了一份轻松的活，工资不算高。徐小乐符合他对妻子的一切想像，她贤惠，勤劳，善解人意，只是，他不知道该如何爱她，他只能做到一味地对她好。

徐小乐问：“我现在的工资还比不上从前的一半，你是不是把我当作你身后的小女人了？”

他笑，大概吧。心底，却画了一个大大的问号。

日子过得一马平川，好像再也找不到不成家的理由。徐小乐说结婚吧，他点了点头。第二天，他们就把证给扯了。

当晚，他忽然想起白妃暄，还有她的那些真真假假的传奇故事。在与白妃暄的对峙中，他首先妥协，给她发了条短信，“我结婚了。”

白妃暄，居然连祝福两个字都懒得给他。

直到徐小乐怀孕，他才有了微微幸福的感觉。一直到徐小乐生下女儿，他才彻底理解了白妃暄。一个单亲妈妈，孩子是她的生命，她的全部。他可以对她不好，但一定要善待她的儿子。

而他，可以接受她传奇般的感情经历，不在乎她之前有过多少男人，居然无法接受一个单纯的小孩。现在，他的脑子缓过劲来了，却也晚了。

为人父的喜悦和责任，让他无暇顾及其他，琐碎的柴米油盐生活，更让他失去挂念白妃暄的精力。每天忙完工作，他推掉所有应酬，只想奔回家逗女儿，享受最平淡妥帖的生活。

女儿一天天长大，从蹒跚学步到牙牙学语，当稳妥成为既定的轨道，有关白妃暄的回忆，点点滴滴，藤藤蔓蔓地爬上心头，他有些想她了。

电话拨过去，白妃暄像曾经那样爽快应约，同来的，还有一大一小两个男人。他仿佛被人偷袭了，打了他一个措手不及，笑容几乎是僵在脸上的。那个男人，衣着朴实，相貌平平。白妃暄，一如相识时那般美。

她说，老钟人好，对儿子也好。

小家伙扭过头去，用清脆的童声叫爸爸。男人咧开嘴，憨厚地笑。

他有千言万语想对白妃暄说，可是，自始至终她都没有给他机会。饭桌上，白妃暄神采奕奕，姿态温婉，一看就是个幸福小女人。男人把孩子照顾得无微不至，他看在眼里，像是被人扇了耳光。

这是他和白妃暄最后一次见面，她留给他的，是一家三口的背影。他们越走越远，他站在月下，失落得像是被摘了心。

他看着白妃暄平和温柔的脸庞，似乎变得陌生了。心里却突然回荡起曾经那个白妃暄挂在嘴上的话：你们男人，就是贱！

【燕子心语】

只爱那个衬得上你的人

在爱情的寓言里，从古至今，都有个定律：

海誓山盟，要比柴米油盐脆弱得多。

古人云：发乎情，止乎礼。可过于理性和礼貌，爱情的神经末梢，也被隔断。

故事里的男主角，对待女主角的态度分明，一方面，迷恋她桀骜、妖娆的性格；一方面，又对她放荡不羁的传言很排斥。更重要的是，他可以接受她传奇般的感情经历，不在乎她之前有过多少男人，居然无法接受一个单纯的小孩。真爱你的人，又怎会反复纠结在你的过去？

男人，往往总是不满足，觉得自己不够幸福。

妻子太普通，觉得日子太平淡。看着红玫瑰花枝招展，在远处招摇，认为那才是真爱；妻子太绚丽，又让他们不自信，多疑。总寻找着踏实温暖的一个怀抱。

男人总是在纠结，一方面要浪漫和激情，一方面又要满足强烈的占有欲。

然而，往往鱼和熊掌不能兼得，他开始变得对生活没信心，对身边的人没热情，总觉得真爱在远方。

男人最爱幻想。一个男人，不管他是结婚，还是已婚。在内心的某个角落藏着一个心愿，一路上，不管走了多远多久，他总是没有打消那个寻觅真爱的念头。他会在遇到心仪的女孩时，不顾身份地说着海誓山盟，感动别人，感动自己。

男人又是最现实的。一旦遇到了自以为是的真爱，男人又现实得俗气。爱情的烟火消退以后，他开始冷却下来，嫌弃女人这，担心女人那……最后，他还是退缩回到了原点，回到了当初那个让他无聊、麻木、平淡的生活里。多年以后，别人问起他对生活的感悟，他会大言不惭地说一句：平淡的日子最幸福了。

而对于那个曾经被无数男人憧憬过，却又不敢选择的美艳女子。完全不必在乎凡夫俗子们的判定。不论曾经遭受过多大的创伤和欺骗，不管现在是离异还是已为人母，一个女人的魅力，应当来源于她对生活的勇气和尊重。

过尽千帆，只要对生活和感情不放弃，总会停靠到一个安全坚实的岸边的。

至于那个曾经因为世俗望而退却的男人，大可用现在的幸福来狠狠地蔑视他一句："洒脱的爱，你承受不起！"

幸福能力之三：就算和自己恋爱也要无怨无悔

这段苦恋，万水千山，荡气回肠，可是最终只留下她一个人暗自悲伤。不管是真是假，那终究是她心间最彻底的一次爱恋，耗尽她青春仅存的最后力量。

穿越网络的生死恋

2004年寻常的一天，在一个门户网的聊天室，他和她相遇了。他以"过客"的身份点开一个聊天窗口，第一次聊天就点到了她。这是一个许多虚拟友谊开始的最普通的情节，可能发生在任何人身上，却成为他们一生都不能忘怀的开始。

隔着冰凉的电脑屏幕，两人聊得热火朝天，不知不觉就聊到了天亮。她了解到他是一个在日本的打工者，为了让妻子和孩子过上好日子，常年在外奔波事业，却忽略了家庭，十几年的婚姻在两年前轰然坍塌。

原本是为了家庭奋斗，最终却因此失去了家庭，他想不通，一直浸泡在痛苦中，无法走出，只能用工作不断地麻痹自己。她被他的真诚感动，发给他一个"抱抱"的表情，说："你是个好男人，一定会有好女人欣赏的，现在，生活只是给你机会重新认识自己。"

一种被理解的畅快穿过他的身体，他顿时觉得浑身舒畅了许多，便要了她的QQ号码，两人一直聊到凌晨五点，才恋恋不舍地告别。下线前，他们交换了彼此的真名，他叫李钟海，她叫方丽。

他们彼此留了电话号码，但李钟海从不主动打电话给她，他害怕自己贸然打乱她的生活，他像一个初恋的男生，在闲暇时总是盯着手机出神，只要看到那个烂熟于心的电话号码，立刻挂掉再打过去。

电话那边正是方丽的声音，温柔动人。李钟海把耳朵贴着手机，不错过她的任何气息。也只是聊聊家常，无非都是一些生活琐事，却让他温暖如春。

有那么一次，她絮絮叨叨地说完自己的事，沉默了很久，犹豫着那句话该不该说出口，她开口的那瞬间，听见了电话里同样的声音，“我想你了。”

那一刻，她泪流满面，那是两人第一次说想念，在同一个时间，他们觉得走进了彼此的内心。

方丽的内心是自责的，当她和李钟海在网上“邂逅”的时候，她有丈夫，虽然是家中安排的亲事，一潭死水，彼此之间没有沟通，泛不起半点浪花，但毕竟她是有家室的人，在精神上，是她先出了轨。

所以，是她提出的离婚，丈夫什么都没说，当着她的面撕了离婚诉讼书，掀翻了桌子，独自出了家门。她知道是自己的错，跪在地上捡起玻璃碎片，心里想念的却是遥远的他。

那种彼此心灵相通的淋漓尽致，在她的婚姻中从未有过。

越洋电话不便宜，他们更多地是在网上相遇，为了挤时间在网上和她相遇，他常常是边啃面包喝可乐边上网。她爱他，她恨那些聊天聊不到几句就赤裸裸转到性话题的人，就算要聊，也要水到渠成。

一天，他问她想知道他的真实身份吗？她开玩笑说：“别告诉我你是特工，我什么也不想知道，我只要你。”

他忍不住笑了，说：“特工哪能自由上网。”原来，他根本不是在日本的打工仔，是美国在日本的投资商，他的家人在美国，日本的公司是哥哥的，他有百分之四十八的股份。

那些一打就是几百块的越洋电话，对他来说，简直是小菜一碟。她不知道他为什么一开始要骗自己，许是在网络上人人都存了一份戒备心吧。

知道这件事后，方丽的心里有了阴影，他们毕竟只是通过网络相识，他一开始说自己是打工仔，现在又变成了富商，还会不会有其他的身份？

她消失了一段时间，关掉手机，也不上线，专心处理和丈夫的离婚案，她深知，不管网络中的李钟海有没有出现，她都想跳出那潭死水。

半个月后，当方丽在一次上线后，电脑屏幕几乎快要瘫痪，一条又一条留言弹跳出来，全是李钟海留下的。

“丽，你去了哪里？为什么关机？”

“丽，是生气我骗了你吗？我发誓，现在开始，对你说的每句话都是真心的。”

“丽，我的确是因为工作原因导致婚姻破裂，一开始我不了解你，不敢袒露太多啊。”

“你真的消失了吗？”

“我好想你。”

她含泪看完，打开手机拨了他的号码，果然，他立刻就打了过来，在电话里，他竟然哽咽了，诉说着这些日子的不安和恐惧，害怕她出了事，害怕从此失去她。

他说要回一次国，让她见到真实的他，那样，她就不会胡思乱想。

差一点，她就答应了，她也想见到在睡梦中萦绕的身影，但是，理智告诉她，她现在还是有家室的女人，她是一个妻子，更是一个母亲，婚姻没有了爱情是事实，她是别人的妻子更是事实，她要理清一切之后再开始。

于是，方丽拒绝了李钟海的这次请求，她不知道，这一拒绝，他们这一生都无缘再见。

一个月后，他在 QQ 上冷冰冰地说：“小丽，忘了我吧。”

这句话来得太突然，让方丽摸不着头脑，她坚信李钟海一定有事隐瞒了她，不然不可能突然要和她“分手”。

在她的再三追问下，他还是三缄其口，最后她急了，说：“就算了断，我也要知道原因，我要去日本找你！”

李钟海明白，方丽是那种风风火火的女人，真的会说到做到，流着泪说出了自己的苦衷，说他的身体出了事，现在还不明白有多严重，要回美国做一次彻底的检查，但他已经做好了最坏的打算，他宁愿在她眼中成为一个薄情寡义的男人，也不愿她一起分担这种痛苦。

听到这些，方丽反而长长吁了口气，她就知道李钟海不会轻易负她。那几天，方丽每天都给李钟海发几十条短信，每一条短信都饱含力量。

“我一定等你，无论发生什么，都会在你身边。”

“你，是我最亲的人，为了我们，你一定要坚强。”

李钟海看着这些短信，长久地伫立在窗前，看着远方，远方一片黝黑，只有零零星星的灯火，此时此刻，方丽睡着了吗？就算睡着，也是枕着手机在等他的短信吧，他低下头，深深地叹息。

已经有很多天没有李钟海的消息，方丽只有他在日本的电话号码，打过去已经关机，她不安地在电脑前等待着，等待着任何他的消息。

终于，方丽在网上等到了李钟海的朋友，他们刚认识不久，李钟海就介绍了这个朋友给他认识，说这个朋友是方丽的老乡，虽然认识，但也局限于在网上。

方丽急得要命，劈头盖脸就问了李钟海的病情，屏幕那头的人支支吾吾的态度让方丽很是恼火，她恨不得砸了电脑，最终，那人说：“嫂子，我求你，别问我好吗，是大哥不让告诉你，他怕你为他担心。”

这一声“嫂子”叫得她心碎，那人继续说：“嫂子你别哭了，我现在就让大哥联系你。他，是真的有难处啊！”

久违的电话铃声响起的时候，方丽整个人都在颤抖，她哆嗦着拿起电话，听到了电话那边熟悉的声音，虚弱，但却是最真实的。

“告诉我最坏的结果，任何结果我都要和你一起面对。”方丽一字一句地说。

电话那边的李钟海起先还故作轻松地聊着家常，说美国的天气不错，没说几句，就彻底崩溃了，在电话那边哭着说："阿丽，我不是怕死，我是怕失去爱你的权利，我是真的想好好爱你，给你幸福，为什么我要在这时候认识你，对不起，亲爱的，我给你的不是幸福，而是痛苦，我自己都无法原谅我自己。"

方丽听清楚了，李钟海在电话里说，他得的是血癌。电话的确是从美国打过来的，方丽站起来，深深地吸了口气，说："我想见你。"

"可是我现在走不开，我要好好配合医生治疗。"李钟海说。

"我去美国，我明天就去办签证。"方丽回答得很干脆。

"不，小丽，你乖乖在家待着，别让我担心好吗？我不想让你见到我现在的样子，我答应你，等到我身体稍微好转的时候，我就回国，我一定要见到你，抱住你，好好地抱抱你。"

李钟海说得很恳切，方丽不忍再让他耗费精力，便答应他暂时不见面，等到一切安定下来之后，再商议见面的事。

一个月后，是方丽的四十岁生日，在她生日那天凌晨两点，他从美国打来电话，用他微弱的声音对她说："对不起，亲爱的，你的生日我不能来陪你，如果我能活着，我一定加倍偿还你的爱。"

这句话让她肝肠寸断，"你答应我，好好养病，以后的每一个生日，我都要你陪我度过。"她已经没有多少奢望了，只希望远方的他能好起来。

李钟海在电话里策划着未来，假如，他们还有缘再见，他一定会陪着她度过以后的生日，他要亲自为他下厨烧出一桌丰盛的饭菜，在床上撒满玫瑰花瓣，放着她最喜欢的苏格兰民谣，就好像徜徉在花的海洋中。

方丽闭着眼睛，空气中仿佛弥漫着淡淡的花香，她幸福地睡着了，眼角还挂着泪珠。

两个月后，李钟海说在美国等到了配对的骨髓，他会勇敢地接受手术，手术前，他打了电话给方丽，那一次，他们没有长聊。

李钟海的声音很虚弱，每说一个字都用尽力气，方丽听着心疼，打断他的话说："你别说话了，放心去做手术，我会一直为你祈祷，你一定会没事的，老天爷会垂怜我们的。"

挂断李钟海的电话后，方丽请了假，迅速买了一张去舟山的火车票，她要去普陀，在游船上远远看见那尊观音像时，她便双手合十，默默祈祷。

到普陀岛之后，她一口气登上了南海观音庙，大口大口喘着粗气，一下跪在观音像前，从前，她并不十分相信这些。一个星期前，她听同事说普陀的观音特别灵验，就下定决定专门赶一趟普陀为李钟海祈福。

那一天，舟山刮起了呜咽的海风，天气预报说东南沿海有台风登陆，船只都停开了，南海观音前拜佛的人比往常少了很多，她跪着，虔诚地跪着，后来刮起了大风，雨点噼里啪啦地打在脸上，仅剩的几个游客躲进寺中避雨，只有她一个人跪着，长久地跪着。

她在心中默念，"我佛慈悲，愿钟海平平安安，假如可以，我愿减寿十年，不，二十年，只愿他安康。"

从舟山回家后，因为淋雨感冒，她在家躺着发烧了三天，迷迷糊糊地，眼前晃着很多人影，她努力想睁开眼睛，却怎么也没有力气。

她呢喃着，唇齿模糊，谁也没听懂她在念叨着什么，只有她自己清楚，从观音面前回家后，她还在默念那几句祷告。

病愈之后再去上班，她瘦了整整一大圈，原本一双美丽的大眼睛也深深地凹陷进去，她的面容变得有些苍老。

她对着镜子嘲笑自己，也是，四十岁的女人，原本就在苍老。原先因为爱情被滋润的脸庞，因为思念和苦痛的折磨渐渐失去光泽。

此后半个月，他的头像再也没亮，她是那样想知道他手术后的状况，他说过第一时间会和她联系的，无论怎样，都会告诉她结果。

难道？难道！

方丽使劲摇着头，不敢想像，电话打过去，一直关机，他们唯一的联系方式只有网络。她只能不停地留言，白天、深夜，整个人都钻进了网络，点着他的头像，自言自语地说着话，流着泪，想着他。

终于有一天，他的QQ头像闪烁了，但那个人却自称是李钟海在美国的私人法律顾问。他说自己在美国负责李钟海的一切事宜，包括财产和部分私人生活安排。

他说李钟海自做手术起，电脑就一直没关过，他看到了她的留言，虽然不忍心，还是要告诉她事实，手术很成功，术后恢复的时候，却出现了排异反应，李钟海一直在重症监护室，随时有生命危险。

得知这一消息，方丽的精神几乎到了崩溃的边沿，失去了生活的目标和方向。一个人对生活失去目标和方向是多么可怕！她痴痴呆呆地上下班，整天以泪洗面，不管是在办公室，在家里，在公车上，她顾不到是什么样的场合，泪水总是盈满了眼眶。她的心碎了，人变了，头上也突添了许多白发。

同事发觉她很异常，知道她正在办离婚，以为是离婚手续办理过程折磨得她憔悴，安慰她说："有什么事，说出来，让我们为你分担，你这样会憋出病的啊！"可她只能把苦水咽在肚里，她不能对任何人说李钟海的存在，不能。

李钟海的律师对她说："嫂子，如果大哥真的不行，你有什么要求吗？"

"要求？"方丽傻傻地问自己，她还能有什么要求呢？失去了他，一切对她毫无意义。如果非要提要求，见最后一面算是吗？

"呸，呸，呸！"她用手拍着自己的嘴巴，责怪自己乱说话。她没有要求，没有任何要求，就像那天在菩萨面前说的那样，只求他平安。

李钟海躺在重症监护室的日子，那个私人律师陪着他聊了很多，她从他那更多地了解了他的为人和爱她的深度。

他说："嫂子，大哥是一个聪明的商人，更是一个难得的好人啊，大哥如果要我死，我决不会含糊，没有大哥，就没有我的今天，是大哥拿钱让我出来留学的。"他从不炫耀自己，她还知道，他的一个同学几年前也病故了，是他和其他条件好一点的同学一直在供养着那个家，他病了后还打电话叫同学要继续供养好那个家。

律师还说：“嫂子，大哥最放不下的是你啊！他把嫂子你以后的事托付给了我，我们十二个弟兄都对大哥承诺，会照顾嫂子的。”

这些话更让她感到揪心，让她真想随他而去，可她见他一面的能力也没有，时空和距离隔阻了他们，却隔不断她对他的爱，他患病以后，她给他写了一百多封信，全是思念和鼓励他战胜病魔的话。

在她失去他消息的那段时间，也没有间断过。她以为他离开了她，她怪他身边的人不给她最后的消息，但她还是抱着他“小丽，等我”的诺言苦苦地等待着，期待着有一天会突然得到他的消息。

她就是在那样一段虚拟的冥思中，继续着一个人的苦恋，苦恋着大洋彼岸的那个男人，他的声音，他的一切。

终于，在他们相识那年的第一个春节，她收到了他哥哥的信。信中说：“亲爱的妹妹，对不起！现在才给你回信。我可以实话告诉你，他还在，只是情况非常不好，我们已无力再为他做什么了，我们经营的公司出现重大决策问题，几乎面临破产，可以说，我们家面临着家破人亡了，我希望你忘了你们的过去。”

得到他还在的消息，她又如在黑暗中见到了光明，对生活又有了希望，她不在乎他们家是否破产，她只在乎他的生命，她要他回来，她要以妻子的身份陪伴他。

那以后，他的律师陆续给她一些他还在的消息，他做了四次手术都有排异现象，律师说是她的爱他才支撑到现在，她的信起到了很大的作用。她也依靠着他还在的消息怀着那份期待。因为律师告诉她，他非常想回来，想见她，只要他好一点，条件允许的情况下，他一定会回来的。

时光的脚步踏着冬的脊梁走完了一年，一年过去了，她仍然没有他的任何消息。离他们最后一次通话已经一年零八个月了，他就像她手里的风筝断了线，再没有收回。他的朋友没有来接她，她也没有见到那十二个兄弟。

她想，一定是她的爱终究没能留住他的生命，他弃她而去了，他的朋友们都知道她对他太执著了，怕她失去他精神会被摧垮而封锁这个消息。又由于种种原因他的朋友们实现不了对她的承诺不再和她联系。其实，她是个明理的女人，在这里，她向他的朋友们保证，她会好好地活下去的，因为他不愿她过得不好，她是母亲，同时也是女儿，为了这份责任还要继续她的工作。她从不奢求什么，只希望得到一个确切的消息，好用她自己的方式怀念她刻骨铭心的爱人。

三年后，方丽终于和老公办了离婚手续。带着孩子，努力工作，认真生活着。如今，她不再苛求什么，只求他身边的人，如果还有一点点的怜悯之心，就告诉她，关于他的消息。

【燕子心语】

网恋，不能承受之轻

生活中，还是网络里，总有那么一大堆因为寂寞而谈情的人。

因为寂寞，所以我上网 Q 你 M 你。

因为寂寞，所以我打电话给你。

因为寂寞，所以我发短信给你。

因为寂寞，所以我要谈一份缠绵的恋爱。

我会问你在做什么，告诉你我在做什么，用语言和文字让你和我生出许多美丽幻想。

文中的方丽，因为在现实生活中，得不到关爱，情感受到长期的压抑，面对这种寂寞的网恋，也就更加依赖。

许多人会说，网恋最不靠谱。若肉身不入法眼，网聊再情真意切，也是“白聊”。

但方丽是幸运的，幸运的是，他们根本没有见面。没有见光死的风险。男人是聪明的，海誓山盟，万千承诺，但不见面，甚至不视频。这份爱就永远纯粹，永远美好。他岂不是要比那些网恋就是为了上床的男人们高尚了许多？

不管男人身上发生了什么，是真是假，男人给这份爱定义了一个生死契阔。让这份爱升华，让女主角欲罢不能。

痴情的女人相信了他，坚守了这份爱。许多人看来她是傻的，可转过来想，她在与现实老公持续这场离婚拉锯战的过程中，获得了这样一份精神上的支持，也可以成为她努力积极生活的勇气。

现实的社会给了我们太多的背叛与失望，我们就在网络大胆地相信一次这是真的又何妨，我们投入地爱一次，痛苦一回，然后把这份人世间最纯粹的爱恋藏在心底，鼓起勇气走向下一段现实的旅途吧。

幸福能力之四：能走出禁锢的爱才叫精彩

那个惶恐不安的夜晚改变了他的人生，可是人生永远是一部没有结局的电影，谁都不知道下一步会发生什么，他感谢以前那个让他懂爱的人，更感激现在这个让他珍爱的人。

是你让我回归爱的正途

张炫从小就总觉得自己跟其他小男孩不一样。直到长大，还是缺乏男子汉的味道，皮肤如女孩般细腻柔滑，声音也较一般男人细软。同事经常开玩笑说，如果张炫是个女孩该有多好，又懂事又知道体贴人。

他的父亲因为车祸过早地离开了母子，母亲一个人把他拉扯大。母亲是一家诊所的护士，工作很忙，经常让他陪着隔壁的女孩玩些过家家的游戏。张炫的童年，扎堆在女孩中，他和女孩们一起吃饭、睡午觉，甚至，还对女孩们的连衣裙产生了浓厚的兴趣，他拍过一组照片，就是穿着邻居家姐姐的裙子，眉间点了一颗美人痣，比邻居家的姐姐还要漂亮。

随着张炫年龄的增长，母亲意识到他的依赖性太强，就托了个熟人，把高中刚毕业的他送到了某家国企。在当时的社会背景下，能够进国企是很多年轻人梦寐以求的事情。

母亲希望他能在那儿学会坚强，独立地解决生活中的难题，年轻的张炫怀着一份忐忑不安的心情来到了陌生的城市。

办完必要的手续，人事科的一位同志把他领到了电工班。张炫随着领班进了门，看见地上到处堆着以前见都没见过的电器设备，那些电线、铁丝和螺帽缠在一起，让他紧张了，他心想，“不会触电吧。”一面想着，脑门上已经冒出了一层细密的汗珠。

领班冲着不远处的一个男人大声喊：“赵师傅，这是新来的小张，以后就是你徒弟。”被喊作赵师傅的那个男人正蹲着认真地研究着一堆电板，愣是没抬头，领班用胳膊捅了捅张炫，说：“还愣着干啥，喊师傅呀！他也是你的顶头领导。”

“师，师傅!”第一声师傅喊得有些结巴，还有些奶声奶气。

赵师傅抬起头，摘下口罩，张炫暗暗吸了口气，看起来赵师傅应该有四十多岁了，国字脸，棱角分明，眉毛浓黑，眼睛炯炯有神，他拍了拍手站起来，足足有一米八几，站在张炫面前，像一个巨人。

他对张炫伸出手说：“我们这个大家庭欢迎你的到来。”又突然发现手上全是机油，觉得不合适，又缩了回去。

他笑了，他也笑了，紧张的情绪一下子全没了。

第二天正式上班了，赵师傅拿出一套新的工作服，说：“以后这就是你的饭碗，如果你不喜欢这份工作，就不要勉强。但如果你喜欢，就要做一个出色的电工，要对得起你身上穿的这身工作服。”然后他又说，“按照我们这里的规矩，我们还要签订一份三年的师徒合同，这三年当中，你的工作全部由我负责，希望你好好干，不要给我丢脸。”张炫急忙点头。

从此，张炫开始了自己的学徒生涯。师傅这个人，工作勤奋，一丝不苟，他严于律己，对徒弟也分外严格。

平时工作上对他可以用“苛刻”来形容，如果张炫做错了什么，他会毫不留情地骂，有时也会用一次粗话，骂得张炫脸红扑扑的，不好意思地低下头，不停地用双手搓着衣角。

每每这时，赵师傅反而心软了，叹口气说：“你怎么就像个姑娘家呢？说你几句就想哭鼻子。”师傅的话还没说完，张炫就真的忍不住流了眼泪，要知道，他从小失去父亲，母亲宠他，疼他都到天上去了，从来没有人骂过他，更何况是那些难以启齿的粗话。

师傅递过手帕，替他擦干眼泪，用宽大的手掌揉揉他的头，说：“真拿你没辙，师傅骂你也是为你好，好啦，别哭了，师傅带你去吃肉。”

张炫高兴地问：“真的呀？我最喜欢师娘烧的红烧肉了。”

赵师傅无奈地看看徒弟，说实话，这个文里文气的徒弟其实比他以前带过的任何一个都要刻苦努力，更难能可贵的是，这孩子的身上有一股寻常男人没有的韧性，他是打心眼里喜欢这个孩子，对他格外严格，也是希望他能成才。

每次骂完张炫，赵师傅看着楚楚可怜的他，总会心疼，忍不住嘱咐老婆早早去菜场买好五花肉，晚上回家师徒二人小酌几杯。

赵师傅喝的是白酒，张炫喝啤酒，可是，就算是啤酒，他也觉得苦得要命，他喜欢看师傅喝酒的样子，拿起酒杯，仰脖倒下，就跟喝水似的，喝完之后还满足地回味一下。那架势特别男人，而他呢，小心翼翼地用舌尖舔了一口，龇牙咧嘴地直说：“好辣，好辣。”

赵师傅笑得很爽朗，嘲笑张炫没出息，张炫便来了气，学着师傅的样子一股脑儿把酒灌进了喉咙。

他被酒精呛了几次，猛烈地咳嗽着，却逗得师傅哈哈大笑。

就这样，师徒俩，你一杯我一杯地互敬着，不知道喝了多少杯，张炫看眼前的师傅变成了两个、三个、四个。舌头也开始打结，“师傅，师傅”地叫着，头却越来越沉，最后，完全失去了知觉。

好像是被师傅背着回宿舍的，张炫趴在师傅的背上，觉得那种感觉很熟悉，就像小时候趴在父亲背上的情形，他在睡梦中咧开嘴笑了，宽厚，温暖。

那一晚，同宿舍的哥们回家探亲，宿舍中只剩下他和师傅两个人，迷糊中，张炫感觉到师傅替他脱了鞋袜，把他颠上了床，又用热毛巾替他擦了脸，那个身影在床沿坐了一会，最后也躺在了狭窄的单人床上。

张炫做了一个梦，梦见自己躺在一层层浪花中间，被浪花轻轻地托着，浮在水面上，那种感觉很是柔软，他的口很渴，忍不住偏过脸想吃一两朵浪花，终于，他够到了浪花，贪恋地吸吮着，香甜的雨露不断地钻进他的嘴唇，他忍不住在梦中呓语起来。

直到那动静越来越大，他猛地醒来，发现一个人影正趴在自己的上方，双手支撑在床板上，嘴唇和他贴得紧紧的，舌尖一点点撬开他的牙关。

是，是师傅！张炫的酒一下子醒来，整个人都贴在床板上，不敢动弹，师傅在吻他，原来刚才不是做梦，是真的。他大气不敢动，努力让自己放松，他很害怕，但又感觉兴奋紧张异常，他试着转过身子，当没事发生一样。过了一会儿，师傅的手轻轻放在了他的脸上。

一颗悬着的心落了地，在黑暗中，他能听见自己的心跳，一下一下，感觉胸膛中的那颗心脏快要蹦出来了，他的手心布满了密密麻麻的汗水。

不知过了多久，师傅终于停下了，他轻轻地合上了门，留下惊魂未定的张炫。

师傅离开后，他在回味着刚才的一幕，羞愧、不安、恐惧夹杂着略微的欣喜，他说不出自己心中的感觉，他想：他毕竟是我的师傅呀，是我最尊敬的人，他知道再这样下去，他们会发生难堪的事，可他还是选择了犯错来报答师傅的恩情。

他知道，原来自己心中也有一颗小小的种子，在那一夜，破土出芽，那株小小的芽苗，饱含着对师傅的尊敬和爱恋，在心间渐渐成长，他阻挡不了。

张炫一直认为自己不是一个真正的男人，从来不是。

在他还不知道爱情是怎么回事的时候，就莫名其妙地喜欢上了男人，因为他老被别人欺负，所以需要男人保护。见到师傅的第一眼，他就有归属感，只是不知道能不能产生幸福。

第二天，师傅找到他，一口又一口抽着闷烟，说："昨晚的事，我知道你醒来，徒弟，真的对不起，师傅，情不自禁，别的，我也不想多说。你要认我这个师傅也罢，不认，我会给你推荐个好去处的。"

"师傅——"张炫哽咽了，他竟然大着胆子捧起了赵师傅的手，轻轻地放在自己的胸口，坚定地说，"我认，当然认，你永远是我的师傅。"

那一刻，赵师傅完全明白了张炫的意思，他激动万分地拉过这个年轻自己二十岁的徒弟，紧紧地拥进了怀中。他知道自己在犯错，却忍不住要去呵护他，爱惜他。

从此，不管在单位，还是一同出差，只要有机会，他们都会在一起。说来奇怪，这件事不但没让他工作上分心，相反，他的工作更加出色，他多次被评为先进工作者。师傅经常打趣说："我没有看错人，你比我以前的任何一个徒弟都要出色，你没有辜负我的期望。"

因为赵师傅的原因，他放弃了许多跳槽的机会，坚定地留在了师傅的身边。在他觉得日子过得幸福的时候，一件不幸的事发生了。

赵师傅上机房的时候，厂里的机器突然出现了故障，师傅的整只手臂被卡进了机器，等到有人发现切断电源的时候，师傅半个人都被卷进了机器，整个人倒在血泊中，血肉模糊的场景谁看了都觉得可怕。

单位派车把赵师傅送进了医院，他的身子染红了医院的病床，主治医生给师傅下了病危通知书。说大出血，很难止住，随时有生命危险。

张炫趴在手术室的小窗户上，赵师傅在手术室待了四个小时，手术室的灯还亮着，他抓住一个医生的手，不由分说地挽起自己的胳膊，哭着说："医生，我的血型和师傅一样，他大出血，就把我的血给他，你们要多少抽多少，真的，没关系。"

医生拍拍他的肩膀，拿开他的手，他忽然咆哮起来："抽啊！你们抽我的血啊，我的血型和师傅一样，真的，抽干了也没事，只要能救师傅。”

他的情绪完全失了控，在场的人看了无不落泪，有人上前抱住张炫的胳膊，把他拖到了走廊的椅子上，他蜷缩在椅子上，缩成小小的一团，没有人知道师傅对于他的意义。

是他的初恋，纯真无瑕的初恋。

手术灯灭的时候，从里面推出来的，是盖着白布的病床。师娘当场晕倒在地上，张炫追上前，反而平静了，他不许别人掀开白布，他说，师傅只是睡着了。过了许久，他对着同事们说，找一个好的化妆师，他想让师傅清清爽爽地走。

甚至还来不及对师傅说一句话，他就那样猝不及防地离开。张炫在心底一次次说：“师傅，你怎么那样狠心，我还没出师，我还没出师呀！”

料理好师傅的后事后，张炫离开了那家国企，谁也不明白他和师傅之间复杂的情愫，人人都夸他这个徒弟有情有义，单位的领导挽留了很多次，许诺升他做车间主任。

可是，他恨，要不是那次事故，他和师傅依旧可以过着悠然自得的日子，下班后喝喝小酒，下下棋，听他说以前的故事。

他放弃大好的前途，斩钉截铁地离开了效益好得过分的国企。

师傅走后，他回了老家。

他的新工作不是电工，而是一家保险公司的业务员。他没忘记电工的活儿，经常免费帮客户解决用电难题。这份工作做得也很出色，客户不仅帮他完成了任务额，还老打电话表扬他。没过多久，公司提拔张炫为经理。

他的妈妈常说：“儿呀！你大了，该找个媳妇了。”

他借口刚升职，还不稳定，躲了她一次又一次。最后，实在是躲不过，迫于母亲的压力，他不得不考虑如何着手与一个真正的女人组建家庭。他唯一希望女方能给他自由，她过她的，我过我的，互不干扰。

在一次朋友聚会的时候，张炫认识了卢芳芳。他看这个女生没什么感觉，只是觉得顺眼，就多聊了几句。后来，顺其自然，他们就变成了名誉上的男女朋友。

“我们结婚吧？”卢芳芳有一天突然问他。想想她都28岁了，有这样的想法也很理所应当。可他觉得这样做，对不起死去的师傅，也对不起芳芳。所以迟迟不肯答应。

就这样过了半年，在双方父母的坚持下，他还是接纳了这个女生。幸运的是，结婚后的张炫感受到了家庭的温暖和妻子的柔情，他逐渐开始有了家庭角色认同感。他体会到他应该做一个有担当的男人，有了女儿以后，他更觉得自己没理由不强迫自己成为一个真男人。

他承认，曾经喜欢过那个人，可现在不想用爱这个字眼，他觉得曾经因为年少，心理上对师傅有着依恋和崇拜。可那时候，知道不会有结果，所以心里总是不踏实；现在和妻子爱得很踏实，不仅仅是爱情，还有一种亲情的味道。

不知道是谁提出的理论，说同志就不会爱上女人，就不可以结婚，结婚就等于害人害己。反正他觉得自己是爱了，那种踏实温暖的爱流过他的全身，每一天都在给他注入活力，而对于逝去的师傅，他会把这份爱默默地藏在心底，永远不说出来！

【燕子心语】

尊重每个人爱的选择

每个人都有权获得幸福。同性恋，也只是情感的一种存在模式，并不一定要和道德伦理挂钩。

故事主人公是幸运的，因为他在经历一场生离死别的特殊爱慕以后，心智逐渐成熟，在合适的时机，遇到了合适的女子，改变了他的人生轨迹。让他终于可以抛掉过去的包袱，内心的纠结，去坦然生活了。

可不是每个同性恋人，都有这么幸运。他们无法改变自己，无法改变周围人炽热的目光和亲友的眼泪。社会的非议，主流道德观和父母的怨念，成了他们心口上无法解救的人质。

当同性恋依然身抱琵琶半遮面的时候，我们无法对未来做一个预期。但是当我们知道自己的身边可能就有这些人，他们可能是你的兄弟姐妹，可能是你的朋友师长。

当他们的内心焦灼不安，有着强烈负罪感的时候，当他们不得不违背自己的天性去做一些对自己和异性不利的事情的时候，他们输掉的是一辈子的幸福。

既然选择同性恋是他们无法更改的事实，既然在文明的社会里，每一个人都有权利幸福而和谐地生活，那么不论他们选择怎样的情感，只要是真诚的就应该：祝他们心有所属，永远幸福！

幸福能力之五：人生永远不知道会在哪个路口拐弯

他们都没错，只是相遇的时间出了错，假如上天再给他一次选择的机会，他仍然要勇敢地奔向那个女孩，有时，命运就是那样神奇，它给每个人不同的道路。

嫁给我吧，我来做你的耳朵

张恒是某重点高校的美术高材生，毕业那一年，他独自开始了毕业旅行，沿着长江三峡写生，一路风尘来到重庆这座山城。

傍晚的山城笼罩在一层金色的光芒中，静谧悠远。张恒站在嘉陵江边，看着对面如同剪影般的高楼大厦出了神，他饱含深情地拿起画笔，记录下眼前不可多得的美景。当他第二次抬头的时候，发现江边多了一个女孩的身影，侧着身体，怔怔地站在江边，一动不动。女孩的侧脸的轮廓很美，特别是在夕阳下，简直完美得像一幅古希腊的塑像。

张恒激动极了，在画纸上迅速地添下了女孩的身影，他正画着，却见女孩的缓缓移动了，似乎是朝着江水中走去，起先，他以为女孩只是调皮玩水，后来发现不对劲，她一直走，很快就走到了深水区。她可能是轻生！

紧急之下，张恒大喊起来，一面喊，一面飞奔向她，她竟然充耳不闻，径直走向汹涌澎湃的江心。

很快，张恒就跑到了江中，一脚踩进水中，冲过去抱住女孩，好不容易才把她拉上了岸。可没等他反应过来，她又挣脱了要往江水里走去。究竟是因为什么，让这样美丽的姑娘抱了赴死的心去寻短见。

张恒不由分说地把女孩抱得死死的，捡起地上的速写画板，涨红着脸说："你看你，这么漂亮，为什么要想不开？"女孩低头看见画板上的自己，渐渐停止了哭泣。

送女孩回家后，听了女孩的父母诉说，张恒才明白，原来这个叫亦菲的女孩，是先天性耳聋，因不愿意嫁给父母给她找的瘸腿男人而想一死了之。那瘸腿男人大她八岁，没读过什么书，她实在不情愿和一个自己不爱的男人一起过日子，却又走投无路。

张恒的心被女孩凄然的命运深深震撼了，他热爱艺术，珍爱世间所有的美。可眼下。仿佛看见一件精美绝伦的艺术品就要被人无情地碾碎，自己却无从着手。

这个女孩跟他非亲非故，他的心情却是极度沉重，他想无论如何也要想办法让她摆脱这潭浑水。

他苦口婆心地对亦菲的父母说："叔叔阿姨，亦菲还年轻，她聪慧漂亮，你们真的忍心让她后半生在苦水中度过吗？"

亦菲的父母面露难色，说："小伙子，不是我们做父母的狠心，亦菲她最终要找个归宿，我们替她相的那户人家，条件还不错，只是那孩子腿是瘸的，可我们亦菲是聋子，不找瘸腿的，谁肯要她呢？"

亦菲虽然听不见张恒和她父母在商量什么，从他们的表情中猜到了一些，她瞪着一双水汪汪的大眼睛看着眼前这个救了自己性命的男孩，凄美无助。

张恒不知道怎么反驳她父母，毕竟这是人家的家事，也是一个残酷的事实。他顿了顿语气，忽然对亦菲的父母说："叔叔阿姨，我要她，我把她带走，可以吗?"

亦菲的父母惊呆了，不明白眼前这个陌生小伙子的想法，他一定是疯了，或者在说玩笑。

看见亦菲父母怀疑的表情，张恒急了，他从包里掏出自己的身份证、毕业证、获奖证书，他把这些证书摆在亦菲父母面前，说："叔叔阿姨，我真不是骗子，你们看。"

亦菲的父母依旧将信将疑，张恒掏出自己的钱包，把仅剩下的五百块钱放在桌子上，诚恳地说："叔叔阿姨，我知道你们家也不容易，你们嫁女儿，也想图个安心，以后我会经常给你们寄钱，照顾你们的生活。"

看着摆在桌子上的钱，亦菲父母的情绪缓和了，再加上女儿誓死不从，他们也不想落得人财两空，点头答应了张恒的要求。

原本只是一次寻常的写生之旅，竟然在路上带了一个女孩回去，张恒也觉得自己有些冲动，从未出过远门的亦菲像一只出笼的小鸟，在她身边雀跃着，不能说话，她就在张恒面前手舞足蹈地用肢体语言表达。

她睁着那双水汪汪的大眼睛，新奇地看着周围的一切，或许是因为那双眼睛没有受过过多的污染，有时，张恒看着那双眼睛，就会感觉到内心宁静。

一路上，张恒惊喜地发现亦菲是个秀外慧中的女孩，她对绘画有浓厚的兴趣，更有一种天生的领悟能力，那种天赋不是人人都能幸运地拥有。

回到他所在的城市，张恒暂时把亦菲安排在原先学校空出来的女寝室，一个月之后，他租了一间带阁楼的小门面，开了一个画室。他把亦菲安排在了阁楼上，他亲自动手装修了阁楼，用牛皮纸把阁楼糊得干干净净，还在墙壁上画了一些画，寝具也是他亲自去挑选的，小小的阁楼在他的艺术改造下，变成了梦幻般公主的卧室。

张恒在纸上写：条件有限，只能委屈你住阁楼了。

亦菲迅速地在纸上回复说：不，漂亮得像一座城堡，我很喜欢，真心谢谢你。

正当两人在纸上交谈的时候，门“哐当”一声开了，进来一位气质颇好的年轻女子，她走进来，看见张恒，也看见了亦菲，她有些生气地搂过张恒，歪过脸凑上了嘴唇，一阵热吻。

她叫黄玲，是张恒的女友，家境很好，大学毕业后为了张恒放弃了去上海发展的机会，张恒要开画室，她拿出来自己的全部积蓄资助他。由于张恒学的是艺术油画，刚踏入社会的他暂时还没能力卖画为生，所以目前张恒的生活也基本上是靠黄玲的薪水在维持。

眼前这一幕让曾经只在电视上看过的亦菲惊呆了，她很不自在地缩在画室的一个角落一动不动。

黄玲捡起地上的纸，不由分说地走上了阁楼，她这个千金大小姐从来没住过阁楼，又小又矮，压抑得很，可是眼前的这间阁楼房却温馨极了，她立即嘟起了嘴唇，拽过张恒的手质问：“她是谁，你变心了？”

张恒赶紧把亦菲的身世说了一番，再三表示不把亦菲带走，会毁了她的一生。

“玲玲，你也不想看着一个女孩被推入火坑吧，我的玲玲通情达理，才不会吃干醋。”男友都这样说了，自己还能怎样？黄玲故意在亦菲面前撒着娇说：“我不管，总之，你是我一个人的。”

“是，是。”张恒答应着。

黄玲忽然想起一件事，张恒同情亦菲，但能同情她一辈子吗？她总不能一辈子跟着张恒吧，想到一辈子这个词，黄玲的心又揪紧了。眼前的这个女孩亭亭玉立，落落大方，虽然是个聋哑人，但外表的确让男人动心，假如，她不是出落得这般脱俗，张恒会把她带回来吗？

张恒会不会爱上她，她又会不会缠住张恒？这一切想法不得不让现实中的黄玲担忧起来。

可是男友已经铁了心要帮她，她再反对也无济于事，不如先顺水推舟做个人情，以后再慢慢替亦菲找一份工作，让她彻底离开张恒。

打定这主意后，黄玲乖乖地偎依在张恒怀里，她就是要在亦菲面前摆出女主人的架势，让她明白，她永远只能是张恒捡回家的女人，她才是张恒真正的女人。

见女友也不再反对这件事，张恒不得不为亦菲的未来生存煞费苦心，他通过打手势，做动作，再配合表情和画面等来让亦菲慢慢学习写字作画，值得欣慰的是聪明的亦菲在各方面都进步得很快。

没过几个月，亦菲已经能接一些简单的活，比如，家居无框画，她的色彩搭配得非常纯净到位，吸引了很多顾客。

张恒看在眼里，喜在心里，至少证明，亦菲可以靠着自己的双手养活自己了。而黄玲每次来画室时不是看见张恒在手把手教亦菲作画、认字，就是看见他们在互相打着手语或用眼神交流。尽管张恒反复解释他对亦菲没有一丝杂念，只是想教会她掌握一种生存的本领，但黄玲渐渐无法容忍一个美丽的女孩跟自己的男友朝夕相处。

终于，积怨多日的黄玲愤怒地向张恒摊牌："如果你爱我就叫亦菲走人，如果你爱她我就走。"她的眼神咄咄逼人，让张恒进退两难。

一面是深爱自己的女友，一面是自己的灵感缪斯。从前深明大义的黄玲在他眼中变得不可理喻，他企图再次劝说黄玲，"玲玲，你怎么变得这样不讲道理，你听得见，能说话，能唱歌，体会不到亦菲的痛苦，我只想教会她在这个社会立足的本领之后再让她走。你怎么就不能替别人想想。"

这番话让黄玲觉得万般委屈，她放弃了好工作，和家中父母闹僵了关系，只为跟着张恒，她不明白男人的想法，一个正常女人怎么忍受得了另一个女人和自己的男人日夜厮守？

她狠狠地甩了张恒一巴掌，大声说："你会后悔的！"

黄玲离开之后，亦菲从地上捡起笔，写了很多"对不起"，张恒摇着头，不由分说地抱住了亦菲，像第一次抱住她时那样。

那一晚，亦菲借口去超市买东西，直到深夜都没有回家。她躲在角落里，瑟瑟发抖，自张恒救下她的那一刻，她就已经认定了他，但是，她从来没有奢望过要成为他的女人。

他能带着她走出那个昏暗的世界，已经是最大的幸福，她不想破坏他的生活，一点都不想。

张恒整整找了她一夜，一条街一条街地走，街尾巷口，快到天亮的时候，他在街心公园的一条长椅上找到了缩成一团的亦菲，像一只受伤的小猫。

她的头发被露水打湿了，湿漉漉地贴在脸上，张恒看着她，慢慢地说："我们回家。"亦菲看懂了他的口型，泪水倾泻而出。

黄玲不再给张恒资助，她以为满心梦想想要开画室的张恒，会害怕梦想破灭而"回头"，殊不知她这样做，点燃了一个男人的自尊的底线。

被孤立了经济的张恒，生活立即陷入了混乱和困难，他不得已把小小的画室辟出了一个角落，卖些画框、画架、画笔、颜料等，让亦菲经营，因为物美价廉，倒吸引了一些学生顾客。

他自己则起早贪黑地背着画板往返于飞机场、豪华宾馆之间，靠给一些人画画挣钱，日子过得十分困难。尽管如此，稍有空隙，张恒都会用心教亦菲绘画。通过一段时间的观察，他把亦菲以后的发展定位在广告设计上，四处借钱买了一台电脑，手把手教亦菲在电脑上绘图搞设计。

在黄玲和张恒冷战的这段时间，亦菲不断地劝张恒和姐姐和好，她着急地比划着，说自己不想影响他和姐姐的感情。

那一晚是张恒的生日，连张恒自己都忘了，亦菲却提前订了蛋糕，拿到了画室，他们喝了一点酒，坐在一堆画中间，张恒看着亦菲，久久地看着，笑着摇头，忽然他的笑容僵在唇边，他伸出手按住亦菲的手，重重地吻了下去。

那一夜，亦菲把自己彻彻底底交给了张恒，她不能说话，只是整夜看着那个男人，给了她第二次生命和希望的男人，看得张恒都有些心虚。

发完小姐脾气的黄玲次日才想到昨天是男友的生日，她竟然都忘记了，清晨便赶到画室轻轻地打开房门，她是想放下身段和张恒和好的，可是，打开画室的刹那间，她整个人都被钉在原地，不能动弹。

张恒和亦菲就躺在画室的地板上，相拥在一起，盖着被子，地上有蛋糕盒，也有酒瓶，还有散落的衣物。

黄玲步步后退着，她浑身发抖，良久，她大喊一声，转身跑进了雨帘。第二天，她便向公司辞职，去了广州。

那些日子，张恒很消沉，毕竟跟黄玲这么久，也很有感情，也觉得对不起她。可她极端的处理方式和对他的不信任，把他推得越来越远。没有黄玲的画室，张恒负责进货出货，洗衣做饭的事全落在亦菲一人身上，好在亦菲是个能吃苦的人，在她的操劳下，画室的生意渐渐地好了起来，他们开始有了积蓄。不仅如此，她还挤时间兼做一些广告设计，深得客户的赞赏。

渐渐地，张恒也被亦菲的真诚与善解人意打动，越来越喜欢亦菲，他不在乎她的缺陷，一次，他轻轻扶正亦菲漂亮的脸，认真地对她一字一句缓缓地说："嫁给我吧，我来做你的耳朵。"

半年后，张恒远在老家的父母得知此事，当即要儿子和亦菲分手。张恒很为难，直到一年后，亦菲生下了儿子张昊，他才带着母子俩回家看望父母，开始，父母的脸色很难看，可是看到孙子张着小手要爷爷奶奶抱抱的时候，父母脸上终于露出了笑容，看在孙子的分上，父母终于接纳他们俩在一起的事实。

而黄玲已经离他们的生活越来越远，她在父母的安排下进了五百强企业，她不相信自己输给了一个聋哑人，拼命地工作，一年的时间，就坐到了主管的位子。

当她穿着香奈儿坐在旋转餐厅和那些绅士一起用餐的时候，她看着窗外，还会想起自己深爱的第一个男人，仅仅因为同情另一个女人，就离开了自己。

她的嘴角浮上笑容，眼中净是晶莹的液体。

【燕子心语】

做自己人生的主人

张恒的怜悯挽救了一个水深火热中的女孩，但也同时深深地伤害了另一个女孩。命运有时就是这样奇怪，不容你多想，不容你叹息，假如你愿意被命运摆布，就会觉得世界不公平，自己得到的都是悲伤。

亦菲从未想过破坏别人的爱情，但是命运给了她不一样的选择，她只想牢牢抓住那些希望，而黄玲其实也是一个善良的女孩。故事中的他们，谁都没有错，错的只是相遇的时间。

每个人的人生轨迹都不相同，亦菲得到了她想要的幸福，而对于出生金贵的黄玲来说，那何尝不是一种更好的选择，能从身边离开的，不一定是属于你的。

当爱情离去的时候，换一种思路，或许能海阔天空，做自己人生的主人，才能得到属于自己的幸福。

Part 02
当心，每份幸福里都有刽子手

幸福在每个阶段都与危机如影相随。

在你与恋人你侬我侬，难舍难分的时候，幸福却在透支。

在你与爱人争吵，磨合，斤斤计较的时候，你以为这便是生活，可你的幸福已经悄然溜走。

在你为爱牺牲，为家庭无怨无悔付出的时候，你认为充实并幸福着，其实你的幸福马上就要被人抢走。

每份感情中，幸福是终极目标。但什么是真幸福，怎样留住幸福，却少有人追问。

幸福是一种情感收获，它像大多数种子一样，需要经历灌溉，施肥，松土，才能硕果累累。人世间有极致的快乐一闪而过，却稍有不劳而获的幸福长长久久。

想获得幸福，就先要懂得经营，懂得在培育的阶段，灭杀虫蛾，填补营养，结出的果实才甜蜜可口。

再来说说爱情，幸福和爱情有关，但却不是并蒂花，当你的爱情陷入误区，幸福也就与它渐行渐远。

一场爱情就像幸福的养料。好的爱情，人们从中吸收丰富的营养。不好的爱情，人们从中汲取惨重的教训。教训也是一种营养。你在爱情中得到的教训是一种宝贵的营养，它会指导你在下一份爱情中应该避免出现什么情况。

如何选择一份爱情、是否继续一份爱情，是每个人的智慧。贪图一时的温暖，继续一份已经注定是失败结局的爱情，你有可能用半生来偿还。

有爱的人更幸福。幸福就像一个盆栽，需要细心栽培才能让它焕发青春活力。

请给你爱的人一个幸福的拥抱。

刽子手之一：爱的谎言与算计

金钱在情感中不是最重要的但是却常常四两拨千斤，他们从没想到爱情会输在一个“钱”字上面，输得那样惨烈，那样俗气。

嫁给面子还是嫁给房子

辛玲刚度过结婚一周年纪念日，理应充满喜悦的她却怎么也高兴不起来，曾经甜美可爱的那个女孩，现在很长的一段时间，她的脸庞都被忧郁笼罩着。

她现在越来越笃定，自己的爱情是被牺牲掉了，并且，这辈子再也找不回来了。想到这里，她内心深处总是隐隐作疼，有很多不甘。

曾经她为了房子舍弃爱情，现在她拥有了房子，却发现原先期待的幸福竟然烟消云散了。

就在上个月，她参加了一个高中同学的婚宴，意外地遇到了前任男友王小文。仅仅一年的时间，他似乎就苍老了许多。

场面有些尴尬，倒是辛玲先开口寒暄了，语气中带着些许的歉意，问：“结婚了吗？”他摇了摇头：“还没定日子呢，这段时间光忙活着选房的事情了。”说这话的时候，他语气充满了疲惫和无奈。

第一句回答就是房子，辛玲有些心酸，虽然现在的她和结婚以前那个急着想拥有一套房子的女生不一样了。对待感情，她完全超然出婚前那些纠结的状态。她确实感觉到，她想要的是一份踏实温暖的感情。

她想安慰他说：“别着急，面包会有的，房子也会有的。”或者说，“房子车子都是身外之物，只要她爱你。”可在物是人非的前男友面前，她如何开得了口，岂不是自找没趣，或者让他更痛苦，让他男人的自尊心再一次被自己践踏？所以，她什么都没说。只是礼貌地笑笑，便借口去了另一桌宴席。

曾经，她和王小文有一段十分甜蜜的爱情。他们相识也是在一次同学的婚宴上。那天，辛玲去晚了，被安插到了一桌陌生人中，王小文就坐在她的旁边。也许是看出了她的无聊，他主动和她搭讪，他自我介绍他是新郎的同事，而她也礼貌地回应说她是新娘的朋友，然后他们就有一搭没一搭地热聊起来。他对辛玲很照顾，倒水，夹菜，递纸巾，真的是个细心的男生。婚宴结束时，他们已从陌生人变成了好朋友。

从那之后，她的手机便成了方小文的专属热线，他几乎每天都会给她打好几个电话，发许多条短信。每天她一睁眼，看见的就是他甜蜜的问候语。晚上，她也会"枕"着他的声音慢慢入睡。他的高密度"追击"，让她原本平淡的生活突然变得有滋有味起来。

她恋爱了，那种一直被人惦念、呵护的感觉真的很好。王小文脾气好，他们之间偶尔发生摩擦，无论谁对谁错，总是他先妥协。王小文记性好，她吃饭的口味、哪天过生日，他都牢牢地记在心里。

就这样，恋爱一年多后的情人节，王小文抱着一大束玫瑰花向她求婚了。那天，玫瑰花映红了她的脸庞，她羞涩不安地低着头，这家伙也太着急了，还没见过父母就着急求婚，这也怪辛玲，恋爱一年多她也没把王小文带回家过，可能心里还是隐藏着一点私心的吧。

她早就猜到父母不会喜欢王小文，他们对未来女婿的要求之高是小文无法达到的。不出所料，当父母得知小文的情况后，一致反对。在他们看来，小文属于典型的"三不高"——个子不高、薪水不高、学历不高，在他们看来，以小文的条件是给不了她幸福的。眼看着自己心爱的人被父母说得一无是处，她的拗脾气也上来了。他们越是反对，她越是坚持。

就这样和父母僵持了两个多月后，父母终于做出了让步，可同时提出个条件，先买房再结婚。其实在这一点上，她和父母的意见一致，结婚怎么能没有新房呢？难道让自己睡大街？

只要搞定了房子，她和王小文的事就十拿九稳了，当她激动地将这个消息告诉小文时，他却沉默了，一副非常为难的样子。过了好久，他才低声告诉她，他暂时还买不起房。听到这句话，她整个人一下子从云端跌落深谷。

后来，当父母也知道了王小文买不起房的事，他们反对得更激烈了。夹在父母与恋人、房子和爱情中间，辛玲左右摇摆，矛盾又痛苦。

对她来说，房子在婚姻中占着很重要的位置，有了房子才有家，可为什么跟自己心爱的人在一起建立一个家庭那么难！

从那一刻起，她心里的天平开始逐渐朝父母倾斜，一次次地向王小文施加压力。每次，她都任性地大叫："你到底爱不爱我？爱就买房证明给我爸妈看！"经历了无数次这样的场景，她和王小文都精疲力竭了。有天晚上，在她又一次大叫分手后，王小文很平静地说："分就分吧，我给不了你想要的幸福。"

其实，她并不是真的想分手，只是想给他一些压力。几天后，她就后悔了，却再也找不到王小文，听他父母说，他去外地工作了。

和王小文分手两个月后，母亲便张罗着给她介绍新的男朋友。刚开始她拗着不去，后来也就妥协了。经历了和王小文那段因房子而结束的恋情后，她变得更现实了。她打定主意，既然爱情也不是那么可靠，那一定要找个有钱人，最起码那人要有房子。得不到爱情，起码要得到物质，结婚的时候要风风光光。

她和现在的老公李哲就是在母亲的筛选、安排下通过相亲认识的。说实话，她对他没多大的感觉，第一次见面，没聊两句，便因无话可说，起身告辞了。但因为他的"硬件"比较好——有自己的公司，最重要的是有两套房子，所以她答应了和他再次见面，然后按部就班谈起了恋爱。

恋爱半年后，在朋友们羡慕的眼光中，她和李哲波澜不惊地走入了婚姻的围城。可住进自己向往已久的新房时，她却没有想像中的幸福感觉。从一开始，她和李哲就没什么共同语言，也几乎没什么沟通。生活在同一屋檐下，他们客气得就像两个陌生人，连他搂住她时，她也感受不到丝毫的激情。

现在，房子有了，而且很大，可她也失去了很多，比如爱情。守着那套没有爱的大房子，她发现自己的心越来越空。

【燕子心语】

算计是把双刃剑

每份感情中都包藏男男女女的谎言与算计。

然而，正在你拿起计算器的那一刻起，你的婚姻就已经提前笼罩上了一层灰蒙蒙的云雾。

辛玲的痛苦，类似于那种贫贱时卖掉孩子的父母，在后来，如果发了大财，甚至倾家荡产去寻找当初卖掉的那个孩子。

生活越好，越幸福，越舒适，越能够提醒你，你失去了什么。你失去的东西在你心里，会变得越来越重。

除非你生活不幸，一团乱麻，否则你不会想起当初失去的那些，因为你现在的不幸超过了当时的不幸。

假如你幸福，那么你放弃的爱情会一直秘密地纠缠着你让你痛苦。如果你婚姻不幸，那么，你又会后悔万分。

在婚姻面前，许多女人拿出了计算器，一笔笔地算，一分分地量，生怕吃亏，总希望是个双赢的完美结局。

把婚姻当儿戏的人，对感情说谎，婚姻必然要把你当人偶耍；把婚姻当筹码的人，工于算计一生，到头来，永远必输的赌局。

总而言之，不论两个人是怎么走到一起的，一定要基于内心最真实的感受。即使是相亲结婚，也需要对对方有感觉，可以婚后开始恋爱，但是不能没有爱。

刽子手之二：玩火自焚的爱情试纸

爱情不是钻石，经不起猜测和试探，即使钻石，也是有熔点的。

作女的爱情谁敢接

有人把那一类身在福中不知福的女人称为“作女”，程菲认为自己就是个标准的“作女”。程菲的婚姻本来非常美满幸福，可能完美本身就是一种缺陷，像她这样的人总是在寻找那种填补缺陷的快感。

一开始，程菲认为寻找的只是生命中那个唯一的男人。

程菲是在一家快餐店里遇到了她的爱情。

大学毕业程菲留在城里，一个人租房子，一个人去一家快餐店吃饭。那个快餐店经常有中学生扎堆请客，经常又吵又闹，可程菲还是很喜欢那里年轻丰富的气息。

有一个男人，似乎和程菲一样，把这里当作家里的厨房，而且有固定的座位。以至于去的次数多了，她一进门就会朝那个位置看一下，有点下意识，久而久之，程菲每次去吃饭，舌尖就多了一种莫名其妙的味道。

那家伙热爱美食热爱生活，他经常点好多菜，巧合的是那些菜也是程菲特别喜欢的，比如糖醋里脊啊、扬州炒饭啊。

看着他点了自己喜欢吃的菜，程菲总忍不住偷偷瞄他几眼，这样说起来是她先注意他的，看他的吃相，总是好奇他会点什么不同的菜式。看的次数多了，男人也注意到了她，当他们目光相撞的时候，男人总会腼腆地笑笑。

终于有一天，男人贸贸然地跑到程菲这桌，说：“我看我们每次点的菜都差不多，不如我们一起吃饭吧，既环保又有伴儿。”

这样算不算请吃饭呢？反正自那以后，点餐的事全都交给了他，两个人总能把点的菜吃光，果真如他说的那样，低碳环保，没有一点浪费，说好了是拼桌，他却从不肯收程菲搭的那份子，总是乐呵呵地说："下次，下次你再给。"说得认真又诚恳，让程菲不知道怎么反驳。

有时，他们也会一起喝几杯夜啤，爆炒螺蛳，满嘴麻辣，一口冰爽的啤酒入口，那滋味别提有多爽快了，人生得一知己是幸事，能得到一个饭友当然更难得。

如此浪漫地过了两年，他们由饭友变成了夫妻，真的在一个锅里吃饭了。那时他已经在事业上崭露头角，程菲也在他的帮助下进了一家好单位。所有事情都是他在操心，后来有人问程菲怎么找到这么好的工作，程菲说不知道，都是老公办的。女友们说程菲的命真好，嫁了个挺有能耐的男人。

可是她们不知道，这个男人真正的好不是事业有成，而是对老婆对家庭的超级爱护。他一直是个斯文细腻的老公，儿子出生后，他对程菲的关怀照顾更是无微不至，家里除了婆婆照料着程菲，他又请了个小保姆。

程菲是剖腹产，其实刀口养好了就没事，但他一定要按老家习惯，一个月不出门，三个月不看电视、不下冷水。他到处买柴鸡和土鸡蛋，寻找正宗野生的甲鱼。生了孩子的女人没几个像程菲这样更漂亮更舒心的。

被泡在蜜罐里的程菲觉得这一切都是理所当然，当生活开始波澜不惊，平淡得像一杯白开水时，她开始心生怨言，她不喜欢一成不变的现在，更不喜欢这个老好人男人。从前看他觉得那是一个男人忠厚老实，现在觉得没有一点男子汉气概。

她看出老公的弱点，他性格内向，不善于表白，而且对人没有原则一概都好。程菲说："原来你的好不止对我一个人啊，原来你不是因为爱我才对我好，你对谁都好，你的同事、下属、亲戚、朋友，甚至一条陌生的小狗，你都对他们好呢。"

话说得有些难听，第一次说这些话的时候，程菲还有些奇怪，自己怎么变成一个怨妇了，但丈夫不答话，在很多事上他会委屈自己迁就别人，程菲很不喜欢，便不断发出怨言。三番五次向他提出来，他只会闷着头抽烟不吭声，一副虚心接受死不改正的样子。

这样唠叨的次数多了，他对程菲的激情也少了很多，每当程菲准备唠叨的时候，他便扭头就走，一副“惹不起躲得起”的孬样，更加挑起了程菲的“战斗欲望”。

程菲也不知道为什么变得这样爱挑剔，成天跟老公找茬儿，想想自己也不是完美，何必苛求别人？可当时真就是吃饱了撑的，没事找事，找不痛快，还一副受尽天下委屈的样子。

反正孩子有人看，闲暇之余，程菲开始上网聊天，也和网友见面喝茶，这些事老公都不知道。程菲上班的时间有弹性，有时，她在上班时间也溜出去，像那些西方女人，手袋里口红、化妆品一堆，到卫生间化好妆，脱下制服，换上漂亮时尚的裙子，接程菲的车就到单位门口了。

其实程菲只是想让老公注意自己，见那些网友也只是虚荣心在作怪，时刻想证明自己的魅力依然在。渐渐地，程菲手机的电话和短信多了起来，有时候她有意无意地在老公面前翻看短信，她用眼睛偷偷瞥老公，就想证明自己依然有魅力，也想试探下，老公究竟爱不爱她，在不在乎她。

可老公依然是波澜不惊，平静得像一潭死水。有一次，程菲甚至在床上向他挑衅：“你再不好好爱我，留心我，当心我马上被人拐跑了。”老公憨厚地笑笑说：“我才不担心，我老婆是那种人吗？她的心一直就在我这呢！”他越说这样的话，程菲越赌气。

她怀了一颗“出轨”的心坚定地在人群中寻找自己的激情和真爱，她甚至有些怀疑自己当初看上老公哪一点，仅仅因为吃饭？

当她在平淡的婚姻中挣扎时，W 出现了，她亲昵地称呼他为 W 先生。这个 W 先生竟然是她中学同学的老公，也许他也觉得很寂寞无趣，和程菲在同学聚会上见面后，留下手机号码多聊了几句。

起先只是说工作和生活，无非都是彼此婚姻的琐事，后来不知怎么就谈到了性，大胆地询问彼此伴侣在床上的表现。

说那个话题的时候，程菲心惊胆战，一股又一股电流穿过全身，她的手机里躺着他火辣辣的短信，起先她看过就删，这种心理上的偷情让她找到了久违的激情。

有时，甚至和老公在亲热时，她也想着那些露骨的词语，什么“咬你”、“吃掉你”、“一口一口地”，她忘记老公有没有对她说过那些挑逗的情话，反正现在是没有。

程菲荒芜了许久的生活一下子充盈了，充满了对 W 先生的期待，后来，她开始保存那些短信，在手机中设置了一个密码，沉闷的时候，就翻出那些短信看，每看一次，心中的渴望就会多几分。

比较是不可避免的。这个男人比程菲老公幽默有情调，他很会营造浪漫气氛。程菲的生日老公是记得的，也送程菲礼物，但年年没有一点新意。这个 W 就完全不一样，他去做了一盒巧克力，上面刻了程菲的名字，程菲看着很喜欢，只是故作生气地嘟着嘴巴说：“真小气，人家生日，你就送一盒巧克力。”

他亲手拿着巧克力送到程菲嘴边，眼睛完全成了一条线，“你咬一口，这是世上最甜的巧克力。”程菲轻轻咬一口，就咬到了藏在里头的戒指。

这戒指可不能随便送，看着 W 先生眼神中的暧昧，那一晚，他们激动地拥抱在一起，生怕老公打电话过来，她就给老公发了一条短信说，和同事庆祝生日晚点回，然后，把手机设置成了静音，无论老公打多少个电话，都影响不到她，老公要是问起，她就说包厢里太吵，根本没听见。

可是，整整一个晚上，老公竟然没打电话过来，只发了一条短信：“别玩得太晚，宝宝需要你。”

那一晚，她和 W 先生逾越了那道鸿沟，果然和事先期许的一样，充满了激情，有些前面几个月的心理铺垫，那一晚，她得到了莫大的满足。

看到老公短信的时候，W 先生的手臂正搂着程菲，她下意识地去查看自己的手机，想看看有多少未接电话，看到那条短信，想到宝宝，她的内心有过一丝后悔，但那种悔意转瞬即逝，眼前的愉悦让她忘记了一切烦恼，他们又缠缠绵绵地磨蹭到了凌晨三点，程菲决定回家，因为事先没想好不回家的理由，不能断了自己的后路。

W 先生既解风情，但也很小心翼翼，叮嘱程菲不能任性行事，那只能是他们两个人之间的秘密和游戏。已经玩上瘾的程菲不满足，她没经过 W 先生的同意，就邀请他们夫妇到家中做客。

当和自己在一张床上缠绵过的 W 先生挽着妻子出现在程菲家门口时，她觉得刺激极了，她骄傲地看着他们，像一个小姑娘般开心，而 W 先生的脸色很是难看，如果不是怕妻子看出破绽，他绝对不会出席。

他开始害怕程菲，这个女人太疯狂了，她是在玩火自焚，本来他以为大家只是寂寞的时候玩个游戏，没必要一直玩下去，没想到她一玩就收不了手了。他在心里盘算着怎么才能彻底摆脱程菲。

当程菲再一次邀请他们夫妻俩来做客时，同学婉言谢绝，并且说老公调动了工作，他们已经准备搬家，事情比较杂乱，不方便聚餐。

是机缘巧合还是 W 先生故意要离开她？程菲不由分说地把他约出来，气呼呼地责问。

男人低着头，什么都不说，完全没有了往日的风趣幽默，只是说自己累了，他不想玩这样的游戏，而事实上，程菲的心理防线也一天天在崩溃，从出轨的那一天起，她就无时不刻在怀疑自己的初衷，为什么走进婚姻后的她变了那么多，难道真的是因为吃饱了没事干吗？

有时看着自己的老公和 W 先生在一起谈笑风生，她觉得自己很贱，竟然会干出那样龌龊的事，久而久之，她就变得有些精神分裂。

W 先生离开的时候，看都不敢看一眼程菲，在他心里，这个女人太可怕了。程菲冷笑着，算是为自己的出轨生涯画上了句号。

她在心里暗自打算，既然老天没有让别人发现这段荒唐，就让它随风而去，她玩了一段时间，也玩累了，该是回归好好经营家庭的时候。

心里打着小算盘，以为一切都平息的程菲，却得到闺密通报的消息，说看见她老公和一个美艳的女郎走进了某五星级酒店。

五星级？老公从来没带她去过，她风风火火地赶到那家酒店，打抱不平的闺密说：“太巧了，今天单位在这里举行年会，我看到了你老公搂着一个女人上了客房部，那女人铁定不是你！”

程菲风风火火地找到了那间房，不停地按门铃，房间里的人，可能以为门外的是服务员，毫无防备地开了门。

门口站着的，正是裹着浴巾的老公，宽大的床上躺着一个女人，裸着大半个背，背对着她。程菲不顾一切地冲进去，猛地掀开被子，大喊起来。

为什么事情摊在自己身上的时候，会那么疼，疼痛从四面八方密密麻麻地袭来，没有地方躲藏，她蹬在地上，质问呆若木鸡的老公：“为什么，为什么！”

老公许是酒醒了，叹息着说：“不知道，只是有点不开心。”

“不开心你就找人上床？”程菲冷笑着。床上的女人吓得穿好衣服，跑出了房间，房间中只剩下他们两人。

讽刺，真是讽刺。程菲看着一言不语的老公，她最恨他现在这样的表情，不言不语，用沉默代替一切。

她哆嗦着说：“没事，我原谅你，哈哈，这么扯平了，现在我一点都不内疚了。”

老公睁大眼睛，不明白是怎么回事，程菲一气，就把她和 W 偷情的事情说了出来，句句刺儿。就这样倒出了掩藏在骨头里的肮脏秘密。再不想日日夜夜背负沉重的十字架。

老公听完后一跃而起，像一头怒吼的狮子向程菲扑来。

最终那拳头没有打程菲，一桌子菜砸在地上。他哭了。

就像那英的一首歌，谁都要孤独地收场。

他们分开了，但是没离婚。后来他被公派出了国，没有告诉程菲，而她一直守着一个空家，不明白，自己究竟干过些什么。

【燕子心语】

感情没有酸碱度

爱情是经不起折腾和测试的。尤其是用这么极端的方式来证明自己的魅力和激发另一半的宠爱及关注，简直是愚蠢至极。

如果你二十岁，去玩一场过火的爱情游戏，别人可以说你青春无畏；但如果你三十岁，抛家弃子去构织一场荒唐扭曲的情感纠葛，那只能说明你幼稚可笑。

你想证明什么？魅力是不是还在？男人是不是还爱你？

其实你什么都证明不了，唯一证明的就是你身在福中不知福的无聊。

外遇总是喜忧参半的，让男人女人处在幸福与不安之中。爱情就像一个潘多拉魔盒，婚前打开魔盒，收获的是恋爱的一重重惊喜；婚后打开魔盒，福祸相倚，如同一把双刃剑。

有一句话说的是，夜路走多了总会遇见鬼的……

既不想抛弃现有家庭，又难舍幽会的激情，鱼与熊掌不能兼得。若一定要继续保持这种关系，必然是一个人甚至几个人的悲剧。

总而言之，婚姻情感犹如一个小型企业，是用来经营的，千万不要自负得认为它固若金汤，也不要制造各种武器去检测他的坚实程度。

你必须去做的是：爱护，忍耐，宽容。

刽子手之三：幸福不能趁早

张爱玲说成名要趁早，但是婚姻情感却不能过早。

爱情没有早班车

谷雨今年刚二十三岁，怎么看都还是一个开朗活泼的小女孩儿，谁都不相信她已经结婚五年，还有一个四岁半的女儿。当时谷雨认识现在的老公时，也才十八岁，还没到法定的结婚年龄，但十八岁那一年，正是谷雨觉得最黑暗的时候。

那一年她参加高考，原本就对自己没多少信心的她每天回到家里，还要面对不停吵架的父母，肩上背着高考的压力，眼前对着冰冷的家庭，她的情绪时常游走在崩溃的边缘。

高考前夕，她借着过生日的名义约了一群朋友放松心情，许是大伙崩的弦都太紧了，玩得有些野，吃完饭之后大伙去量贩 KTV 唱歌，玩到一半的时候有个同学叫来几个朋友，都是在社会上混的朋友，比这群高三的学生还要玩得开。

其中有一个男人叫林栋，高大帅气，走进包厢的时候，谷雨的眼睛就一亮，林栋自顾倒了一杯酒，高声问："谁是今天的小寿星啊？"

谷雨骄傲地跳到沙发上，说："我，是我！"

林栋变戏法似的从背后掏出一盒巧克力递给谷雨，说："那我祝小寿星年年有今日，岁岁甜蜜。"

谷雨开心地接下，后来，他们便开始玩真心话大冒险的游戏，轮到林栋执行"大冒险"的任务时，他冲到谷雨面前，在她脸上狠狠地亲了一口。谷雨捂住发烫的脸颊，默默地低下了头。

当晚，送一行人回家后，林栋约了谷雨，压抑太久的她像抓住了一颗救命稻草，他懂她，也心疼她。自那以后，两人经常黏在一起，林栋比谷雨大八岁，十八岁的姑娘，在他眼中，娇嫩欲滴。

两人谈恋爱没多久，谷雨就怀了孕，正在闹离婚的父母知道女儿怀孕的消息，简直快要疯了，往死里逼她把孩子打掉。正值叛逆期的谷雨放弃了高考，离开了家，选择和林栋生活在一起。

林栋的父母起先也反对儿子找了一个这么“嫩”的女朋友，但望孙心切的他们知道谷雨怀孕的消息后，如获珍宝般地把她接回了家，悉心照料着她。

许久没有享受过家庭温暖的谷雨感受到了久违的温馨，她在心底告诉自己，那就是自己想要的家的感觉，她从前没有享受过，今后要好好珍惜。

因为没到法定结婚年龄，连生孩子也是偷偷摸摸的，但谷雨不在乎，比起幸福，其他的都不重要，只要他们相爱，只要他们有一个家。

年轻的谷雨根本来不及多想，她怎么有那么大的勇气为一个刚刚认识几个月的男人放弃学业，甘愿在家生子。

起先的日子自然是甜蜜的，她孕期反应大，胃口挑，林栋变着法子替她换口味，婆婆对她也是有求必应，在他们的悉心呵护下，十九岁的谷雨顺利生下了一个七斤半的女儿。

她永远都忘不了林栋在医院的表情，当护士抱着女儿从产房走出来交给他时，他第一句话就是问：“是儿子还是女儿?”护士回答是千金时，他的脸色立即阴沉了下来，在一旁守候的公婆也虎着脸离开了产房。

那一刻，她从幸福的云端彻底跌到了谷底。她早就有所耳闻老人家可能会重男轻女，没想到会变得这样快，让她猝不及防。

住院七天，林栋只来过两次，余下的时间竟然都是谷雨的妈妈自己在照料女儿。谷雨的身子弱，产后缺奶，看着别家的产妇一家其乐融融地聚在一起，老公羞涩地按照爸妈的指示替孕妇吸奶，谷雨的心彻底冰凉。

但是她还是抱着一丝希望，就算是女儿，也是他亲生的，他不可能置之不顾，她努力想回忆起他们恋爱时的一些甜蜜，才发现他们之间根本就没有多少回忆。

尽管如此，谷雨还是决定好好经营家庭，她太需要家庭的温暖了，她在心底暗暗发誓要做一个好妻子、好儿媳、好母亲。

把谷雨从黑暗中拯救出来的林栋在外人眼里，算是小有成就，是一家外贸公司的业务经理，每个月的业绩很出色，挺能赚钱，长得也不错，加上他工作的缘故，总有很多应酬。

刚刚生完孩子的谷雨身材还有些臃肿，她开始担心绑不住林栋的心，一面带孩子，一面总想着怎么逗林栋开心。

爱情，从来都不是一场势均力敌的争斗，总有一方占了优势，而林栋，正是占尽优势的那一方，他和谷雨连结婚证都没扯，就算有了孩子，也还是一个风流倜傥的未婚优质男。而谷雨呢，已然升级为一个未婚妈妈。

在这样复杂角色的变幻下，原本对婚姻抱有美好遐想的谷雨变得越来越多疑，她在意林栋的一举一动，从前他舍得为她大把大把花钱，花费心思逗她开心，现在竟然会彻夜不归。

而公公婆婆更是以老家要盖房子为名，把带孩子的重活推得一干二净。孕期增加的三十斤体重，在两个月内消耗得干干净净，这样不同寻常的“瘦身”，把谷雨的身体拖垮了。

这样的日子一直持续到女儿断奶，谷雨这才知道，她给自己做了一个茧，牢牢地把自己绑住了，她想要努力呼吸新鲜空气，她想出去找工作，不想再待在家里，过着问林栋伸手要钱的日子。那样就像在乞讨，卑微地乞求对方予以一点资助。

那一年，谷雨才十九岁，同学陆续考上了大学，厉害的去了大城市的名牌大学，不济的也基本上混了一个专科，过着那个年纪最逍遥的日子。

谷雨只能自怨自艾，女儿一天天长大，他们的矛盾也一天天多了，林栋变本加厉，很少回家，周末他宁愿泡在茶馆里和一群狐朋狗友打麻将也不愿回家照料女儿。久而久之，两人之间的吵架升级为暴力，谷雨不知道自己为什么变得这样“暴戾”，她砸碎了家里一切可以砸碎的东西，咆哮着，呐喊着。

而对面的林栋，竟然只是冷笑，无动于衷地看着这个为自己生下女儿的女人，他还没有完全进入家庭的角色，更谈不上承担起当父亲的责任。他有时也会逗女儿玩，但最多抱二十几分钟，就说手酸、腰酸，女儿在他眼里，还只是一个粉嫩的大玩具。

家庭战争一天比一天激烈，深夜，看着熟睡的女儿和空荡荡的家，谷雨独自垂泪，她不甘心，自己为幸福付出那么多，几乎牺牲了一切，她苦苦追寻温暖的家庭，最终得到的竟然是和自己父母差不多的境遇。更不堪的是，她是一个未婚妈妈，如林栋说的那样，除了会找他吵架，一无是处。

她在心底问自己："这就是爱情，这就是婚姻吗？"

二十三岁那一年，谷雨终于下定离婚的决定，其实，根本就不需要离婚，只是下狠心和过去告别，那段荒芜的青春时光让她彻底明白，爱情不是速食面，细水长流的爱情才更可靠。

五年荒唐的"婚姻"生活之后，她重新站在五年前同学的起跑线上，去电大读书，学更多只为将来，有能力自己给自己安全感和幸福感。

【燕子心语】

别让浪漫迷惑双眼

过早透支你的爱，有两个坏处：

一个是，能量提前消耗殆尽，后续储备不足，提前失去了感觉；

另一个是，在感情观青涩稚嫩的时候，就把青春和爱情犹如烟花般燃放殆尽，剩下的，也只能是晦暗的空寂。

爱得早，不如爱得刚刚好。

因为不管我们爱多少个，爱多久，我们最终的目的，是想抵达幸福的彼岸。

过程再绚丽，搁浅或者抛锚在半路，也只能望洋兴叹。

爱要爱得刚刚好。在你还没有市侩老气横秋之前，在你已经沉稳懂得责任与分享之后。

爱可以不分年龄、时间、场合、身份，但幸福却是个区间命题。大于或等于都容易极端而变质。

幸福像高高悬挂的鲜艳欲滴的果子，人人都想吃。但想真正获得幸福的人们，既要懂得积极争取，又要懂得控制自己的情感。在该收获的季节采摘属于自己的那份幸福。

刽子手之四：婚姻是两个人的事，更是两家人的事

结婚前的誓言是：我爱你一辈子；结婚后面临的却是：你要爱我一家子！

伤不起的娘家亲友团

林昊和沈小沫结婚了。结婚之前，林昊和沈小沫的恋爱故事就和大多数小情侣一样，嘻嘻哈哈，吵吵闹闹，沈小沫是个单纯神经大条的女孩，有点小脾气，林昊很喜欢她的透明单纯。

结婚之后，随着彼此的缺点的放大和暴露，生活方式的差异，他们开始吵架。婚姻中的小吵小闹，原本对小两口来说也不算稀奇，可让林昊受不了的是，每次他们俩的事情，总是被妻子复杂化，拉来娘家人助阵。

于是，只要在家庭聚会上被沈小沫的娘家人逮着机会，总会集体对林昊进行“批斗”，有时都是几个月之前发生的问题，林昊经常被批得丈二和尚摸不着头脑，出于对岳父岳母大人的尊重，林昊总是低头认

错，可是他的心里一点都不痛快，心想，这沈小沫也太小题大做了。

就这样吵吵嚷嚷过了一年，沈小沫给林昊生了一个大胖小子，也许孩子就是润滑剂，给这个家带来了暂时的和平。儿子长得虎头虎脑，特招人喜欢，岳父岳母觉得自家人口多，方便照料小孩，义无反顾地揽下了照顾小孩的活。

林昊想到自己的父母身体不是特别好，虽然他们也想带孙子，但兴许精力的确没有沈小沫娘家人那样旺盛，于是欣然答应，想不到，这才是一切争端的导火索。

一次林昊出去应酬，很晚才回来，醉醺醺的他倒在洗手间里，头磕在浴缸边，流了好多血。岳母和大姨子连忙把他送到医院。等他回来，发现妻子居然若无其事地在房间看电视！孩子在屋里大哭大叫，她置若罔闻。

他顿时气不打一处来，质问她："孩子在哭，你怎么能坐得住啊!"沈小沫却不急不慌地回答："我已经抱他半天了，可他就是哭，我有什么办法？刚好，姐，你回家了，赶紧看看孩子为什么哭吧。"

林昊跑过去过去一看，孩子拉了一裤子，能不哭吗？他在想妻子到底哪儿像一个母亲？他到底娶她做什么呢。做妻子时，她把做妻子的责任交给老妈；做母亲时，她把做母亲的责任交给姐姐。

沈小沫是家里最小的孩子，学习最好，是家里唯一上名牌大学的，毕业后工作也最稳定，从小被家里众星拱月般宠着捧着。结婚前，林昊觉得现在的女孩都太物质太世俗，想找一个简单透明的女孩，如今他找到了，却掉进了万丈深渊。

前一阵他半夜突然发高烧，毫无生活经验的妻子只会慌忙给岳母打电话，于是，本来在医院里照顾岳父的岳母匆忙赶回来，从冰箱里包了一块冰替林昊物理降温。也许岳母太能干了，妻子插不上手。

他觉得夫妻间情谊实在太淡漠了，淡薄到她不肯给自己洗衣服，理由是她的手是用来画画的，不是洗衣服的，可是哪怕她就是不洗，把衣服扔到洗衣机里做做样子也好啊。

渐渐地，他对这个充满了吵闹的家越来越失望。去年年底，林昊的父亲决定要开一家饭馆，伸手问几个儿子借钱，父亲年纪大了，身体不好，他的老寒腿已经不能支撑他下地干活了。因为林昊是大哥，觉得自己理应多拿些钱，于是和父亲兄弟商议后决定，他出五万块钱，其他几个弟兄各出三万。

当时他想，家里还有三十万存款，拿出五万块钱给老父亲，实在是再简单不过的事。没想到回家后和沈小沫一商量，她想了半天竟然说："我得回家和我妈商量一下。"

"我们家的钱和你妈有什么关系？"林昊反问道，沈小沫无辜地眨巴着眼睛，撒娇说："怎么没关系，你是他们女婿，我们都是一家人，当然得商量。"

林昊心想岳母也不该是不明事理的人吧，不会连小两口的经济账都要管，结果第二天，沈小沫明确反对他从家里拿钱。理由很奇怪——因为大姨子失业了，而且岳父身体不好，要留一笔钱。

林昊一下子火了，这都是些什么理由，这和他拿钱给父亲开店有什么关系吗？就算有关系，拿走五万，不还剩下二十五万吗？于是，他干脆不顾她的反对，径直到抽屉里拿钱，结果却发现钥匙不见了。

"钥匙在什么地方？"林昊急得直跺脚。见他真的生气了，沈小沫有些害怕，哆哆嗦嗦地说："在我妈那里。"

林昊忍住怒气，客客气气地问岳母钥匙在什么地方，岳母居然很愧疚似的说："哎呀，我好像弄丢了！"

此时的林昊，气得无语，他跑出门外，就在家门口捡了一块石头，狠命地砸锁，把里头的存折取出来。打开存折，却发现存折里已经分文不剩，提取时间就是当天下午。

林昊强压着怒火对沈小沫说："你有父母需要治病，我就不需要？你这样做是不是太过分了！"可沈小沫面对林昊的爆发，却依然是一副无辜可怜相，手足无措地看着他，搞得林昊仿佛觉得是自己自讨没趣，对牛弹琴。

那一次，林昊硬是从朋友那样东拼西凑借了五万块钱交给老父亲，以后的很长一段时间，他都在拼命接私活，他以前存的钱都被岳母管走了，他得挣钱还债。

那几个月，林昊很少回家，沈小沫的电话不断打过来质问："林昊，你是不是在外面有人了，我妈说了，你要是做了对不起我的事，我们全家都不会放过你！"

那时的林昊还猫在办公室里画图，他冷冷地按掉电话，干脆关了机，胡子拉碴地一直工作到天亮。他不想解释，也不屑解释。

俗话说，有钱没钱，回家过年，春节时林昊回家，只带了公司的过节补助费一万元。他们兄弟三人，刚刚工作的三弟也拿出一万元。林昊觉得自己这个做大哥的，按说应该是经济条件最好的，可居然和刚工作的弟弟拿得一样多，顿时觉得脸面挂不住，也觉得活得太窝囊了。

父亲叹口气说："成家了，不一样了。"

林昊的眼眶一下子热了，心里想，自己当的是哪门子家啊。林昊的委屈，妻子不理解，父母不了解，只有他自己最憋屈。

春节刚过，林昊在生意上连连栽跟头，领导见他，脸色已经很难看。他知道领导的潜台词是什么：再出娄子，你就卷铺盖走人。

工作上的失意，家庭琐事的困扰，让他的忍耐力越来越低。他拖着疲惫的身躯回到家，无力地躺在沙发上，从卧室里走出来的大姨子竟然让他去厨房做饭。

大姨子住在自己家，已经让他心生不快，现在她竟然差遣起自己了。林昊没好气地说："要吃你自己动手。"

大姨子也不乐意，反驳说："我给你家免费带孩子，你非但不感激，还不给我好脸色看，连一口饭都不给吃。"

林昊心想当初不是岳母家要死要活非要抢孩子去带么，现在怎么变成占她们家便宜，他的情绪彻底爆发了，不顾一切地说："你说你离婚后抑郁，可是休养了这么久你还没有走出来，难道你要在我家待一辈子吗？"

这句话触到了大姨子的痛处，“哗”地一下，大姨子把一杯子热水全泼在林昊脸上。

林昊愣在原地，没想到妻子的姐姐会这样不给面子，竟然在自家和自己杠上了，他二话不说，立刻跑到水池边，用冷水冲洗着胳膊，疼在身上，更痛在心里。他想，无论如何，不能再待下去了，这里哪是家，简直是魔鬼集中营！

他简单收拾了一下，不顾岳母大姨子妻子一群女人的阻拦，就走出了家门。

离家的两个多月，林昊只接到妻子一个电话，沈小沫在电话里说：“我妈说，夫妻哪有隔夜的仇，你快回家吧。”一听到“我妈说”，林昊就浑身发抖，他坚决地挂掉电话，躺在朋友家的客房，长长地叹息。

半年后，林昊向她们提出了离婚。之所以说“她们”，是因为林昊觉得他其实娶回来的不是一个女人，而是一个“女人帮”。如果现在有人问，吃着方便面就榨菜的林昊到底快乐不快乐，他想说的是，他非常快乐，因为他从噩梦中逃了出来。

【燕子心语】

找爹妈帮忙也得看时候

女孩子结婚后，在婆家受了委屈，多半会跑到娘家搬救兵，如果娘家人丁旺、有权势，夫家人一般不敢“撒野”。在许多嫁女的家庭看来，娘家人是女儿坚实的后盾，殊不知这样的后盾打碎了多少原本幸福的小家庭。

许多人在恋爱的时候被甜蜜冲昏头脑，觉得一切美好无比，而结婚后又会苦不堪言，指责爱人的种种不是，越是自怨自艾的人，越觉得自己可怜。

可是你拥有的现在的不幸，不就正是你当初认识的肤浅，对感情理解的偏颇，对另一半理解的不充分而造成的后果吗？她还是那个她，而只是因为距离不同，角色位置变化，导致你的不适应。你的不幸，和她的无辜，孰是孰非？

家务事是夫妻之间的事，别人真的不好插手，哪怕是娘家亲友团。有些事情，别人一插手，就会把简单的事情复杂化。

对于女人，结婚了就成了独立的家庭，不然你为什么要结婚呢？

一个人格独立的人，不仅仅要有独立的情感，还要有独立的自我生存判断能力，你要给你老公应该是一个独立完整的爱人，而不是一大家子的附属品。

刽子手之五：感情是条单行道

感情是条单行道，想多辆车并行，必然发生车毁人亡的恶性事故。

爱或不爱，都是被风干的记忆

张蒙怎么也没有想到，他会和妻子陆萍在结婚十周年纪念日的前夕离婚。十年，人生能有多少个十年，更何况是彼此人生中最美好的年华。

三十三岁之前，张蒙工作经历一直坎坷，他性格孤僻，不善于讨好领导，干了许多年还是个小职员。三十三岁那一年，他有了个跳槽的机会，换了家公司，所幸遇到了伯乐，在新公司的事业渐渐风生水起，这才一路晋升到公司技术部门的主管。

三十四岁那一年，他终于在上海买了套一居室的小房子，一家三口这才有了固定居所。

拿到房产证的那一刻，张蒙和陆萍都落泪了，他们从相识相爱到结婚，他工作一直都不怎样，没钱买房子，租住的房子也很便宜，生活得很艰难，平日里夫妻俩恨不得一分钱掰两半花，为的就是攒钱买房子。

陆萍跟着张蒙，真的是吃了不少苦，可她从来没有怨言，也没有嫌弃张蒙，总是乐呵呵地看着张蒙说："我俩好好在一起就是天底下最幸福的事啦，房子将来总会有的，我们又不是吃白饭的人。"

陆萍很节省，张蒙经济困难的时候，她一年都不买一件衣服，情人节那天，张蒙说："老婆，你想要什么，老公买给你！"她想了想说，想吃瓜子，好久没有吃了，要张蒙买一包瓜子给她！张蒙当时很心酸，看着她开心嗑着瓜子的样子，张蒙发誓一定要一辈子都对她好，要让她过上富足的日子。

本以为这就是张蒙想要的一生，可是张蒙遇到了小依。小依是公司技术部新招的女大学生，二十出头，活泼可爱，饱满得像一颗鲜嫩的水蜜桃，谁看了都喜欢。

张蒙是小依的直属领导，便有了很多交流的机会，有时出差，老板也让张蒙带上小依，让小依跟着学习，这样两人便常常有了单独相处的机会，张蒙是个正常的男人，看到身边水灵的小丫头，怎么会不动心。

起先，张蒙依旧按时上下班，替陆萍做做家务，陪儿子玩玩游戏，可是渐渐地心不在焉起来。看着陆萍简洁的居家着装，他总想起小依浅蓝牛仔裤包裹着的玲珑身段，他也自责过，可是，还是忍不住去想。

想的次数多了，他便经常心猿意马，晚上抱着陆萍略有赘肉的腰身，心中更是忍不住疯狂想像小依紧身牛仔裤下的身躯是怎样地紧实迷人。不愠不火的婚姻生活中突然闯进新鲜的小依，张蒙只能一次次在内心挣扎斗争，他看得出，那个小丫头对自己也有点意思。

这么挣扎着，张蒙竟然憋出了病，喉咙干得发痒，鼻涕不停地流，在办公室更是一个喷嚏接着一个喷嚏打着，小依见状帮张蒙买了药，然后倒了水让张蒙吃药。

张蒙吃完药她便催张蒙回家去休息，张蒙笑笑说算了，她却忽然板起脸来用略带训斥的口吻说："哎呀，你感冒这么严重还要逞强，难道我们会偷懒要留在这里监工吗？赶紧回家去吧！”说完还推了推张蒙。张蒙忽然感觉有股电流流遍全身，只能仓皇开车回家。

病愈之后，公司派张蒙去青岛出差，原本不一定要小依跟着，想到小依在办公室的那一次推搡，鬼使神差地，张蒙主动带了小依一起走。

白天开完会，晚上回到房间，张蒙还在电脑前编着程序，小依买了夜宵到他房间探班，张蒙工作的时候一丝不苟，谁也打扰不了，等到他伸着懒腰结束加班时，他才发现桌子上的夜宵，他回头一看，发现小依居然歪在张蒙的床上睡着了。

张蒙蹑手蹑脚地走近，看着那张红扑扑的脸蛋，心生怜爱，他忍不住上前替她盖好被子，那时，他是打算就让小依那样睡着，自己拿了房卡去她的房间睡。当他的手伸向小依外套口袋的那一瞬间，她忽然醒了，一脸睡意朦胧的样子，看着她清纯迷糊的样子，张蒙的大脑顿时空白一片，小依只是睁着她灵动的大眼睛看着他。

接下来，一切自然而然地发生了，张蒙和小依的关系一夜之间起了大变化。由于要陪小依，张蒙渐渐无法再按时回家，陆萍并不多问，她知道张蒙是做技术的，工作忙，依旧把喷香美味的饭菜热了又热，等他回家。他很内疚，可是却又沉醉在与小依的相处中不能自拔。

半年前的一天，张蒙跟小依在她的出租房亲热过后，赶紧清理身上的痕迹开车回家。回到家后，惯常的热饭热菜没有了，儿子一个人在家写作业，陆萍不在家。

陆萍竟然把孩子一个人留在家里，他觉得有些不对劲，立即打电话给她，过了很久，手机才接通，陆萍平静地说，她在做足底按摩，做完还要做个 SPA，所以可能要晚点才回家。婆婆半个小时候就来做饭，所以她把孩子留在了家里。

张蒙松了一口气，叮嘱她早点回来，注意安全。挂断电话，他的心却再也平静不下来，他隐约觉得陆萍的举动有些反常，结婚这么多年，她几乎没有不做晚饭的时候，总说在外面吃太不划算。即使偶尔有事耽搁，她不能做饭，也会事先打电话跟张蒙说。

那天张蒙一直等到晚上十点，陆萍终于回来了，按道理刚刚做完美容，应该容光焕发才是，她的面容却有些憔悴，只看了张蒙一眼，说了句累了，去冲澡歇息。

张蒙一直忐忑不安，总觉得路萍是发现了些什么，可是刚刚偷尝禁果的他怎么能立刻舍下新鲜的小依，他想自己做得还不算很过分，隐藏得很好，更何况，他在心底还是深爱着陆萍，他对小依，只是一种迷恋，无法抗拒青春的身体。

陆萍一直没有什么特别出格的举动，只是去做按摩和美容的时间多了，逛商场买衣服的次数也多了起来。有一次，张蒙正上班的时候，手机忽然收到一条短信，说张蒙的信用卡刚消费了八千多元。

张蒙有些惊讶，以为信用卡丢了，赶紧问陆萍今天买了什么，花了八千多块。陆萍哼了一声，说："回家向你汇报。"

晚上回家的时候，陆萍从鞋架上拿过一双长筒靴，丢到张蒙面前。他愣了一下，不知道她什么意思，她花八千多买了双名牌靴子，张蒙也不会怪她，毕竟跟着张蒙后她从来没有买过什么名牌东西，只是她的态度实在反常。

"这个牌子的靴子，我一直喜欢，就因为它太贵，我只能远远地看，但是今天我买了，因为我觉得，既然你的钱多到了需要别的女人来替你花的地步，我还不如帮你多花一点！"陆萍说着嗓音哽咽了，她顿了顿嗓子继续说，"我也知道好吃好穿，我也会打扮，成熟优雅大方，那都是用钱堆出来的不是？"

"老婆，我，我对不起你！"张蒙看陆萍的样子，就知道她已经清楚了一切，他也不打算隐瞒了，和小依偷偷摸摸的日子，虽然充满了激情，可是张蒙心里一直很压抑，也对陆萍很愧疚。既然她知道了一切，干脆趁这个时候和小依一刀两断。

"没关系！"陆萍惨然一笑，"把这个签了你就可以跟你那个年轻漂亮的女人去逍遥自在去了！"说着她丢了一份文件到张蒙面前。

"老婆，我一定会跟她断掉的，你不要冲动！你相信我，给我一次机会！”看到陆萍决绝的样子，他慌了，两人是患难夫妻，这么多年的感情，不可能割舍掉，他虽然出轨，但是绝对没有想跟她离婚。

“你放心，你的财产我只要一半，虽然婚前协议说如果你出轨财产全部归我，但是我不想儿子受苦！”陆萍有些鄙夷地看了张蒙一眼。

“老婆，我跟小依立刻断掉，你原谅我一次好不好？儿子还小，你怎么能不要他呢？”张蒙慌忙求着老婆，懊悔万千，真没想到老婆居然发现张蒙出轨，并立刻提出离婚。张蒙本以为有回转的余地。

“这些日子，我已经想明白了，我不该活得这么窝囊，省吃俭用，最后让别的女人占了便宜。”陆萍愤慨地说。

就这样，张蒙万般哀求无果，陆萍毅然决然地搬出了他们当初幸福的小巢，自己租房子住。张蒙想拖着不离婚，想时间久了，她气消了就没事了，可她威胁他说，如果再不签字，她就自杀。张蒙吓坏了，他知道老婆的性子，说什么是什么，说自杀一定不会是吓唬他的。只能心不甘情不愿地签了离婚协议，红本本换了绿本本。

张蒙跟小依也断了，因为跟老婆离婚后，张蒙再也没有兴趣去搞婚外情，只是觉得世界一片灰暗。张蒙不能没有陆萍，可张蒙知道他伤害了她，张蒙想挽回，却不知道如何挽回。

【燕子心语】

感情不是一只红苹果

小时候，在幼儿园，老师总是问小朋友：这里有一个红红的大苹果，A 想吃，B 也想吃，应该怎么办？

有的小朋友说，把苹果切成两半，一样大小，要分得公平。

由此，我们学习了“谦让”的思想品德和“二等分”的数学概念。

可惜感情不是礼物，不能够互相谦让。

两个女人总不能坐在一起充满友情地说：既然你也喜欢这个男人，那就让给你吧。

恋人都是贪婪的，并且毫无规矩可循，如何在爱情争夺战中占上风，让情人的心一整个儿地属于自己。

同时，感情也是不能够拿来二等分的，把一个人切成两半，一半给你，一半给他。

想起《武林外传》里无双说的那段关于“爱情”的经典对白，郭巨侠问无双为什么那么爱秀才却又选择放弃时，无双深情地说：“爱情是条单行道。”

没错，爱情是条单行道，你不能回头，也不能同时走上另一条路。在同一时间，我们只能专心爱一个人，这是对自己负责也是对他人负责。在这条单行道上，你没有再选择别人的权利，即便是再难受，再不合适，请先到达终点，再重新选择适合你的道路，否则你会收到生活给你开出的罚单。

刽子手之六：想赌一口气，反而越赌越气

情感中的很多矛盾，都从赌气开始，逞一时之能，图口舌之快，却让自己越来越气，最后局面也无法挽回。

赌气爱情，一石四鸟

路真真眉清目秀，身材苗条，一点都不像才生过孩子的模样。可是，年纪轻轻的她已经结过两次婚，第二次婚姻还深陷在离与不离的纠结中。她试图竭力摆脱，可有着孩子的羁绊，她不知道自己前方的路该如何选择。迷茫与彷徨是她目前的真实写照。

六年前，路真真刚刚进入汉口一家大型企业上班，认识了同事何顺。

何顺是那种比较阳光的男孩，爽朗大方，很讨女孩子喜欢，路真真

也是众多倾慕者中的一个，何顺对天真善良的路真真也有好感，但两人谁也没说破，因为他当时已有女朋友。

在工作中，何顺作为路真真的前辈，对她总是额外照顾，外人看来只是同事之间的热情，只有她心里清楚，何顺总是借故和她在一起，是对她动了心，只是他一直按兵不动。

这让路真真很是着急，每当想到他有女朋友的事实，她更是心如刀割。

一天晚上，路真真和何顺被安排一同值夜班。讲到兴起时，那种感觉又来了。想到不可预知的未来，路真真叹了一口气。何顺关切地问路真真怎么了。路真真突然想试探一下他的态度，便给他讲了一个故事。A 男孩，最爱 B 女孩。可惜的是，A、B 双方都有男女朋友，而且他们对另一方都有不可推卸的责任。最后，B 要结婚了，临结婚前问 A，愿不愿意和她在一起。

说完，路真真对着他，问："如果你是 A，你会怎么做?"

何顺回答道："如果 B 是 A 最爱的女孩，A 一定会选择 B。"

路真真忍不住脱口而出问："你女朋友是你的最爱吗?"

何顺没有直接回答路真真的问题，而是怜爱地用手掌抚过她的头发，慢悠悠地说："小女孩，有时候，世上的事真的不是你爱我，我爱你那么简单，人要负责任，也要背负世俗的压力。"

路真真这才知道何顺的女友曾经为他堕过两次胎，身体完全垮了，他现在不能离开她，不然她会崩溃的，她现在根本离不开他，哪怕，现在他们之间只剩下争吵。

路真真根本没有多想，何顺能让女朋友堕胎，根本不是负责任的体现，她被爱情冲昏了头脑，固执地认为何顺能那样想，是有情有义。自那以后，她就开始幻想有一天，何顺会和女友分手。

这一等，就是一年多的时间，每一次，何顺和女友吵架的时候，都会找到路真真倾诉，他说和她走到了尽头，可没过几天，路真真就发现他们仍然有联系。他说他不爱她，却对她有一份责任，不能看着她要自杀不管。

他们之间这种剪不断理还乱的关系被路真真父母知道了，母亲苦口婆心地劝路真真说，何顺脚踏两只船，和他在一起不会幸福。为了让路真真分手，父母特地给路真真介绍了刘天，刘天是路真真的父亲在生意上的伙伴，为人随和，待人实在、顾家，年纪轻轻就闯下一番事业，父母说，只有跟着刘天这样的人，她才会幸福。

路真真总认为何顺是自己的最爱，如果不能和最爱的人在一起，就不会有幸福，因此，路真真固执地等待何顺。没想到，这一等就是两年，何顺让路真真一次次从充满期望的高峰跌至失望的低谷。更难受的是，他女朋友从何顺的手机上查到了路真真家的电话号码，每天半夜三更就打电话骚扰路真真的家人。那段时间，路真真最害怕电话铃响，一接通电话，路真真的耳边就好像出现了他女朋友的骂声。

路真真受不了何顺的摇摆，也顶不住父母的压力。在他女朋友又一次打电话过来骚扰的时候，路真真冲着电话怒吼道："我马上就要结婚了！请你以后不要再打电话过来！"他女朋友问清不是和何顺结婚后，心满意足地放下了电话。

一个月后，路真真就和刘天结了婚。披上婚纱的那天，路真真还赌气地想："我就要让何顺尝尝他喜欢的人跟别人结婚的滋味。既然父母要逼我和一个不爱的人结婚，我就要让他们明白，他们挑选的人不能给我真的幸福。"

婚后上班第一天，路真真特意带上喜糖去公司分发。公司的人接过喜糖都向路真真道喜，唯独没有见到何顺。路真真和何顺的事在公司是保密的，没人知道他们的恋情。路真真装作不经意地问平时和何顺关系较好的员工："何顺呢？"同事说何顺那天不舒服，所以没去。今天恰好出去送东西了，也不在。

路真真不知道他是不是在刻意逃避，还是真有那么巧合，她的心里有些酸涩，结婚后，她就真的失去了和何顺在一起的资格。

哪料在等电梯时，路真真看到了何顺。他站在拐角处，忧郁地望着路真真，眼睛似乎要溢出水来。两人默默对望着，什么也不想说。不一会儿，电梯来了，路真真赶紧低着头进了电梯。

回到家后，路真真痛哭了一场，那时才深深地感到后悔：不该赌气结了婚！

其实，刘天对路真真很好，他生意忙，长年在外，对路真真，他常有一份亏欠心理。只要一出门，他就给路真真留下一张里面有几万元的银行卡。回到家里，他可以甩开膀子做家务，下厨为路真真做好吃的。他常说，他不能陪路真真，只能在金钱上补偿路真真。可路真真不需要他的物质补偿，路真真只想和心爱的人在一起！

和刘天结婚后，何顺一直没找过路真真。直到路真真结婚半年后，何顺才给路真真打了一个电话，告知他已和女友分手。听到这个消息，路真真哭了起来，问："现在分手还有什么用?"然后，挂断了电话。

也许在心里一直没有放下何顺，自从何顺找过路真真之后，路真真忍不住又和他联系起来。半年后，路真真向刘天提出了离婚。刘天跪在地上求路真真不要走，但她还是义无反顾地走了。

父母得知路真真要和刘天离婚，打过她，骂过她，可不管怎样，她离婚的心意已定，她绝过食，离家出走过，最后母亲只能无奈地摇头说："何顺是你自己挑的，将来受了苦可别回来！"

路真真硬气地说："放心，我会走好自己选的路。"

也许是路真真把爱情想得太美好了，认为有爱，可以弥补一切缺憾。路真真和何顺经历了千辛万苦才走到一起，他也尝到了失而复得的滋味，应该会对她更好，他们将来的生活也应该是阳光明媚。

可是，生活就是生活，现实总比想像中的残酷。

何顺是家里的独子，他父母舍不得让他搬出去，所以路真真结婚后和他父母住在一起。这时，何顺身上的种种缺点也暴露出来了。

他爱玩，认为一个男人下了班就往家里跑，是无能的表现。他觉得男人下班后，就应该叫上一帮朋友到外面胡吃海喝，不玩到深更半夜就不能回来。他崇尚自由，讨厌被束缚。如果路真真不识趣，晚上八九点给他打电话，喊他回家，他会认为很没面子。回到家就沉着脸对说：“我不想刚结了婚，就落个怕老婆的名声！”

已经结过一次婚的路真真对婚姻有自己的看法，她觉得一个男人结了婚就应该有结婚的样子，下班回家帮老婆做饭是很正常的，哪能像没结婚前天天和朋友搅和在一起？况且，路真真为他付出了这么多，希望从他那里得到更多的爱，更多的关心。

她很渴望她和何顺之间能像正常的夫妻那样，一起买菜、做饭，饭后出去散散步，两个人互敬互爱，视彼此为自己生命中最值得依托的人。可他不这样认为，他常在路真真面前举例，某某的老婆很贤惠，从来不管自己的老公，每晚老公回家后，她还为他做夜宵，言语中颇有艳羡之意。

两人的婚姻观大相径庭，谁也说服不了谁，他照样玩他的，路真真照样一个人关在家里生闷气，天天牵肠挂肚地等着他回家。

有时候，一个人待久了，她就爱东想西想，觉得他这么喜欢在外面玩，是不是有了新欢，越猜疑越难受，她忽然间就体会到了何顺前女友的那种痛苦，对自己的爱人不信任，那是多么悲惨的一件事。

和父母住在一起免不了有些摩擦，从前路真真的前夫刘天对她百般呵护，现在完全换了角色，什么都要她亲自操心，有时她的脸色难看了，公婆就觉得她在耍性子，这段关系，她渐渐开始觉得心力交瘁。

可是这条路是她自己选的，当初和刘天离婚，她已经众叛亲离，她没有地方诉说，只能一个人扛起所有疼。

一年后，路真真怀孕了，她开心地想，只要把孩子生下来，也许会增强何顺的责任心。

孩子是生下来了，是个儿子，可何顺从未给他换过尿片，也没给他喂过奶，照样在外面玩到深更半夜回来。而且他最不能听孩子哭闹。他很不理解地问路真真：“你专门在家带孩子，怎么还带不好呢？”

路真真听见那样的话，憋在心中的委屈终于爆发了，她把孩子放在一边，冲过去给了何顺一个巴掌，何顺愣住了，很快，他还手给了路真真一耳光。

路真真不敢相信这个口口声声说爱自己的人会打她，又气又伤心，和他对打起来。路真真一个弱女子，哪里是他的对手，很快被打得鼻青脸肿。婆婆在一旁硬是拉不住他们。后来，他声嘶力竭地让她滚出去，路真真收拾了简单的行李，从家里出来了。

从家里出来后，路真真一片茫然，娘家是肯定不能回的，当初他们就说过，如果路真真和何顺过不好，一定不要回来哭诉。朋友家也是不能去的，路真真不想让别人看笑话。现在，真不知道何处才是路真真的容身之处？

路真真再也忍不住，站在街边嘤嘤地哭了起来。

【燕子心语】

负气是对人生的摧残

这个女人在别的男人面前，摆出娇小柔弱的模样，其实并不是真实的她，她只是为了赢过那一个女人味十足的情敌。

这个女人在别的男人面前，含着泪水说我爱你，其实她并非真的爱，她只是为了证明她比她得不到的那个男人活得更好。

最后，她赢了，她比他更早结婚，她证明了没有他一样有人爱自己！可是成功之后，她的生活和精神世界只剩下精疲力竭。女人，你真的爱过吗？你真的懂爱吗？

夺爱成功后的她想要带着幸福的笑容嫁给他，事实上，她的脸上却多了几分憔悴。

“为什么，在我结婚之后，他又要来找我？先前的他怎么可以左右摇摆？他怎么可以这样折磨我？”

为了和一个男人赌气，而赌气嫁给另一个男人，后来的痛苦还得你自己承受。

要是你没有这么好强，你现在依然是一个快乐的单身女子；要是你没有这么好强，你现在也不会糊里糊涂步入婚姻；要是你没有这么好强，你现在也不会后悔曾经好强的你。

现在，还是因为那份倔强与好强，因为你还想得到一份理想中的爱情，所以你打算放弃先前好胜之下的“牺牲品”。

“对不起，不要责怪、怨恨我因为赌气才嫁给你和我即将离开你的事实。”

最后，女人还是哀怨地说：“怪那个可恶又可恨的犹豫不决的男人吧。是他的犹豫不决，才一石四鸟，让生活变得这么不幸。”

刽子手之七：委屈不能求全

不爱自己的人、家庭暴力、很多女人选择哑忍，要么希望委曲求全，可是却往往选错了对象，吃尽了苦头才幡然醒悟，却错过了大把的幸福。

你是我深不见底的伤

大学刚毕业的意涵在一家建筑公司做文员，是个典型的宅女，下班顶多逛逛超市就回家，鲜有机会接触男性。

有一次，意涵跟着老板去香港出差，总公司派了一个叫许震的后勤主管接待他们。那是意涵第一次去香港，香港繁华的环境让她大开眼界，许震看得出这个小姑娘想出去逛逛，便主动说要带她去逛街，购物。

意涵雀跃着跟着他出了门，没想到，他直接带着意涵去了山顶看香港的夜景。那一晚，山下蜿蜒的灯火连成一片，意涵大声喊着：“好开心啊！”她回头想对许震说一句“谢谢”，没想到凑上来的是他火热的唇。

在半推半就下，许震把她拉到了车内，脱了她的衣服，她是想拒绝的，可是身子怎么都使不上劲。后来她才想到，许震对她，是势在必得，他递给她喝的饮料中，一定下了药。

他也太大胆了，幸好，许震是意涵喜欢的类型，经历那一次之后，他们谈起了恋爱，深圳离香港很近，他们经常约会，有时在深圳，有时在香港。

许震在男女之事方面很是主动，总是提出一些新奇的想法，意涵有时不太愿意，拒绝的时候忍不住问："你以前是怎么解决个人问题的啊？我怎么觉得我俩在一起，除了性，还是性？"

"有性才有爱嘛。"他津津乐道地谈论起了以前的风流韵事，让意涵感到震惊的是他以前竟然一个星期去找一次小姐，因为和陌生的人上床很刺激，而且小姐的服务好。意涵的心顿时冷了，说："真恶心！"

许震很奇怪地回答说："这是很正常的需要啊，难道要憋着吗？"

两地的恋爱谈了半年，许震被派到了深圳的分公司，成了意涵的上司，她决定把两人的关系明朗化，为了不影响他的前途，她干脆辞了职。

许震很是感动，因为意涵的事业也发展得不错，短短一年的时间，从一个普通的文员成了总经理助理，她还年轻，如果继续努力的话，没准比他还能耐。

两人决定买房，当时深圳的房价八千多一平方米，他们一起看了几个星期的房子，当机立断交了定金，房子总价八十万多一点，抹去零头，八十万，首期三成，二十四万，他出十五万，意涵出九万，其余分二十年付清，每个月交近四千块钱的按揭。

房子他们俩都出了钱，如果房产证上不写他的名字意涵会过意不去，不写意涵的名字也不像样，为了房产证，他们立即扯了结婚证，从决定买房到扯结婚证，不到半个月的时间，意涵还没缓过劲，就从小姑娘升级为了小少妇。

拿到结婚证后，房产证和按揭也顺理成章地办下了，他们看着复印件上的两个名字，都觉得像一场梦，两个人，一套房子，看来就这样永远地联系在一起了。

婚后的日子自然没有恋爱时刺激新奇，在家做全职主妇的意涵有些不习惯，但总算有了一个家庭，她想努力经营这个家，只是她的心中一直介意许震找小姐的想法。许震认为他和小姐之前纯粹是肉体和金钱的交易，没有感情就谈不上出轨。

不知道有多少男人是那样想的。意涵深深地叹了口气，许震有应酬的时候，她就坐立不安，想到他倒在女人堆里的样子，太阳穴就隐隐发疼。偏偏在这时，她接到了初恋情人罗川的电话。

罗川的声音一点都没有变，和当年一样温柔有磁性，当年在学校的时候，他是学校广播站的主播，意涵是编辑，两人关系很好，但意涵妈不同意他们在一起，理由是他家里条件实在是太差。

他是到深圳出差的，执意要见意涵一面，意涵慌乱地打扮着，看着镜子中的自己，一套又一套换衣服，说不清心中是什么感觉，当年的穷小子有了自己的软件公司，在上海买了房子买了车，直到现在还单身。

意涵向许震撒了谎，说要回一次老家，三天后才回来，其实她是抱了一点私心，怕许震打扰她和罗川在一起的时光。

那一次见面给意涵的感触很大，罗川完全不是当年那个青涩的穷小子了，举手投足之间的气质都是许震比不上的。罗川看见意涵无名指上的戒指，尴尬地问："你结婚了？"

意涵点点头，罗川冷笑了几声，那种笑声让意涵无地自容，她仓皇地逃回了家，忘记了自己和老公说过三天之后才回家的事儿。

她疲惫地打开门，屋子里又脏又乱，进卧室的时候一股子说不出的怪味道，她掀开乱成一团的被子，骇然发现一只艳俗的红发夹。

她呆了一会儿，扯出一大把卫生纸把发夹给包住，想扔到垃圾桶，想一想又把它放在梳妆台上，而且故意放到显眼的位子，继续拆被套，又翻出来了只红发夹，跟刚才的一模一样，不过这只发夹在床罩的腰部，可以想像这一对狗男女晚上是如何折腾的。

晚上九点多钟，许震回家了，打开门见意涵歪在沙发上，他吃了一惊，可能做梦也没想到意涵这个时候在家，再仔细看看她脸色，好像没有什么不同，放下心来，可是一进房间，转过身又小心翼翼地问：“你把被子都洗啦？你不在家很乱的，本来想趁你回来前请钟工点来打扫一下，把要洗的都洗了，没想到你回来得那么早，对了，你不是说要回老家吗？”

意涵没说话，看他进房间换衣服，也跟了进去，指着梳妆台的两只红发夹说：“以后这种东西小心点放，别放床上，太脏了。”

许震可怜巴巴但毫无说明力地解释：“昨晚喝醉了，小刘太爱闹，小刘你知道的，业务部新来的那个奶声奶气的男人，他把女伴的发夹夹到我头发上，说我头发长得像个女孩子，老婆，你看我头发这么长，要不要剪？”

意涵气得浑身发抖，她什么都不说，径直走出卧室说：“我睡沙发。”

两人冷战了一段时间，在冷战那段时间内，许震倒是很乖，在家安分了几天，基本上下班就回家，直到有一天他突然接到一个电话，鬼鬼祟祟地通过电话后，他故作镇静地跟意涵说：“小刘叫我晚上陪他去酒吧喝点酒，我们很久没聚了。”意涵随口问了一句：“哪个酒吧？”他说：“天缘。”

意涵很想给自己找个答案，许震走后一个多小时，她也稍稍打扮后跑到天缘酒吧，装作已和朋友在这里开了包房一样，慢慢悠悠地找人，就在推开了差不多十扇门的时候，居然真的看到了许震。

他吓得站起身来，坐他怀里的年轻女人没料到，滚落下来，小刘和陪他的女人都很吃惊，意涵在家里设想过，如果见他时真有一个女人和他亲密，她会很威武地把桌上的啤酒扔到他或那女人的脸上身上，表示她的愤怒，然后提出分手；或是她要把那女人臭骂一顿，表示她的委屈和痛苦，可是真的看到了，她居然一点感觉也没有。

因为那套楼，因为一纸婚姻，他们永远捆绑在一起，没人能了解那种悲哀和痛苦。意涵不知道天下还有没有这种互相厌恶的夫妻，意涵算是深刻体会到这种悲哀了，唯一值得安慰的是，每个月一号，他还是按时定点地把家用、按揭这些钱放进抽屉里。

他开始两三天不回来，给意涵打个电话，说公司要加班，他们给彼此冷暴力，渐渐成为在同一个屋檐下最熟悉的陌生人。

许震再回家的时候，手臂绑着绷带，看起来非常严重，毕竟还是夫妻，意涵忍不住问是怎么回事，他的鼻子哼着气，说没事，说完躲进了房间。

没想到还是闺蜜向意涵报了信，她以极其八卦的语气说："你老公被人砍了，听说还是为了争风吃醋，小涵啊，这样的男人你揣着干吗，早该踢了！"

她用很惊险的语气把故事的来龙去脉说了个大概，原来许震和意涵吵架后，就经常去泡夜店，一个对他好得不得了的小女孩当着夜店里所有人的面说爱他，还说一定要嫁给他，把他感动得不行，于是真的就在罗湖附近租了一套房子，让那个女孩子搬过去陪他。

意涵感到浑身冰冷，他竟然在外和别人同居了，他们还没有离婚。

闺蜜继续说，那女孩子开头几天很乖，可是没过多久，夜生活惯了的她趁许震不过去找她的时候，又跑去夜店泡，还跟别的男人调情，他知道后很生气，不允许她去泡吧，小姑娘不乐意了，吵闹着要分手，还要他赔偿一笔青春损失费。他自然不愿意，到这分上，一分钱都不想掏，结果那女孩借着酒劲从厨房摸出把菜刀，把他的手臂给砍了，好在是把不怎么锋利的刀，砍到了皮肉，缝了八针了事。

几个月没回家，竟然闹出了这么一出人间"悲剧"，意涵心灰意冷，决定离婚。

她尝试着把离婚的想法和妈妈沟通，妈妈一听，在电话里就急了，说："涵涵，你可千万别犯傻，你爸心脏不好，你不要刺激他，小两口磕磕碰碰很正常，怎么能说离就离？"她足足被母亲教育了几个小时，意涵疲惫地挂掉电话，只能答应，不再想离婚的事。

从此以后他们名正言顺地分房而睡，像一对互不相干的租房者，这关系更像意涵是房东，他是租户，每个月一号他将房子按揭、家用，放到公用抽屉里后，各过各的生活。

看着卡上的钱越取越少，意涵也有些心慌，但也没办法，有一天，她经过一家房屋代理公司的时候，特地去咨询了一下，因为这套房子意涵只有一半产权，她连独自处理它的权利也没有，就算要卖房子，也要经过两人同意。

许震还是回家，想要过来抱意涵，他说："我们别闹了好吗？我也累了，想好好过日子。"

意涵偏过脸，泪水大滴大滴地落下，她也想过忘记一切，但只要一想到许震和那些女人相拥的模样，她就心疼得要命。

她知道他们再也回不到从前，那些灰色记忆不可能轻易磨灭，她又不能立即离婚，只能这样在一套没有温度的房子里，不断地缅怀过去的好时光。

【燕子心语】

纵容他就是放逐爱情

委曲求全，能带来幸福吗？

许多女人结婚后，遇到波折和打击的时候，喜欢隐忍。因为她们相信委屈一下自己，慢慢就好了。

可对方未必就那样想。对明白人讲道理，我让你一步，你得退三分。但不幸的是，婚姻中往往会有一些爱情的无赖在把你逼上绝路。

爱情有真心吗？有的，他面对你说话的时候，脸上无比真诚：绝对不会做任何对不起你的事情，绝对会对你好，绝对会让孩子幸福，一切都是为了这个家好，一副深情款款的贤夫良父的形象。

爱情无赖的爱可以分成很多份，他对和宾馆上床的女人有爱，对他包养着的女人有爱，相信也做过类似的保证。比如“我保证我会离婚后娶你”“我会对你好”“我会给你钱”之类。

爱情无赖耍赖的对象，是有选择性的。

通常被他耍赖的是深爱着他的女人。这个可怜的女人已经牢牢地被他吃定，用婚姻来缚了，用儿女捆绑了，用房子物质来麻醉她。他断定懦弱的你没有勇气也不曾想过离开他，你是他的安全领域。于是，他放心地大胆地偷情，甚至不担心你发现。

即使被你发现了又如何，他很可能已经不再爱你。如果你说出离开，他会在内心感谢你主动提出来。

为了委曲求全，所以纵容他的无赖行为，让他继续伤害你脆弱的自尊吗？

为了委曲求全，你像一个母亲纵容孩子一般原谅了他，但他却不可能改邪归正，保证了之后又重犯类似的错误。

周而复始没完没了，终有一天会令女人失去耐性和希望。

一个对爱情耍无赖的人，唯一的结局就是将爱情全部挥霍掉。

在婚姻中，和一个爱情无赖共舞，对不起的人只有你自己。

刽子手之八：在婚后期待真爱

那些披着真爱幌子的婚外恋毁掉多少细水长流的爱恋。

爱情有张多变的脸

肖萍三十出头，性格活泼开朗，漂亮。有个幸福美满的家庭。儿子活泼可爱，老公英俊、能干，疼她、宠她。可是，她却背着他有了婚外情。

他们是在业主群里认识的，那时肖萍刚好换了一套房子，没想到运气不好，买了高档楼盘却遇到了渗水的情况，于是，一些业主联合起来，组建了一个 QQ 群，共同维权。他加了她，说自己是某银行的副行长，大她两岁，因为都是小区的业主，两人最初都没什么戒备心，说彼此的工作和家庭，像最亲密的朋友那般，但肖萍还是隐约感觉到他语气中隐藏的欣赏。

年底的业主大会，是他们第一次见面，那时，房子渗水的事情解决得差不多了，大家在小区的会所召开了一个小型聚会，算是庆祝。

那天，肖萍穿了一条黑色连衣裙，外面套了一件暗红色的短款外套，长发挽成时下流行的松散发髻，知性优雅。她的对面坐着一个男人，一直看着她微笑。

她隐约感觉到，那或许就是他。四十多岁的男人，成熟稳重，温文尔雅，很有气质，给她的感觉，怎么看怎么觉得像领导，除了觉得有些陌生，其他的感觉都还好。

他主动走过来，伸出手，两双手那样自然而然地握在一起，肖萍觉得那双手宽厚、温暖，有一种说不出的感觉，他们交换了手机号码，当晚，她收到了他的短信，他说她的样子和他的想像一样，只是有一件事他骗了她，他比她大了十岁。

肖萍心跳加快，想了很久回复说："哪有，您看起来很年轻。"短信发完，她躺在床上，像个情窦初开的少女般快乐，被一个成熟稳重，事业有成的男人欣赏，满足了她的虚荣心。

因为在同一个小区住着，总会抬头不见低头见，他们之间的会晤总是小心翼翼，每次都是他来安排，他说，他欣赏肖萍，得对她负责，就算是两个人有好感，他也不能胡来，要对她的家庭负责。

其实这只是一个男人为婚外情寻找一些借口，却被肖萍看作是体贴她的表现。

他们见面的地点，多半在外地，通常是他出差、开会，她便请假偷偷地跟过去。他支走司机，自己开车带着她到处逛，像一对新鲜的小情侣，汲取着彼此的能量。

他们在一起，她最喜欢跟他偎依在一块的感觉，无所不谈，直抵对方的内心。他很有钱，她也不缺钱，她不需要他送礼哄着，只觉得两个人在一起就是天底下最开心的事儿。

因为他是公众人物，不能经常露面，他们之间大多的约会都在室内，起先，两个人只是聊天，后来，他靠近她，炽热的眼神灼烧着她，她看得出他的渴望，他们像两头猎豹，你攻我守。在房间内追逐着，他从背后抱住她，把脸贴在她的肩膀上，又故意往她的耳根呼呼吹着热气。

“痒死了，痒死了！”肖萍咯咯笑着，渐渐地就不再说话，因为他的手已经探进了她的衣裳，那种前所未有的战栗感让她感到害怕。

她还没下出轨的决心，在此之前，假如不认识他，她有美满的家庭，家庭生活虽然平淡，但丈夫对她很好，她频频和另一个男人见面，已是对他不忠。

想到这里，她按住了他继续往下的手，她知道，自己一定要守住这最后一道关口。

而在他心里，这只是她最后的矜持着挣扎，男人的婚外情，无非是想得到新鲜的性，拥抱抚摸和亲吻都只是前戏，他想要得到的，是那具包裹在连衣裙下的成熟身体。他见过许多女人，也有小姑娘投怀送抱，但他就是喜欢这种心灵相通的感觉。他想尝试下当心灵和肉体一起相通的时候，是一种怎样的境界。

当然，这些话他不会明说，只能耐着性子一次又一次见面，挑逗，失败，再见面。

只是时间问题，他们在一起后的第四个月，她没能守住最后一道防线，当她为他打开身体的时候，她的浑身泛起一阵疼痛，带着对家庭的愧疚，羞涩地闭上了眼睛。

醒来的时候，他在身边，鼾声如雷，一切现实得不像话，当美好沦入世俗的时候，巨大的落差感袭来，她抱住被角，竟然哭了。

他在睡梦中听见哭声，转身抱住她，连声安慰：“后悔了是吗？”

他明白她的心思。

肖萍看着同一个被窝的男人，含着泪点点头。在认识他之前，她是个循规蹈矩的人，丈夫是她的初恋，或许就是因为初恋，才造就了她婚后的叛逆，她只有过丈夫一个男人，现在，她竟然干了偷情出轨的事。要是事情暴露，丈夫一定会杀了她的，家破人亡，一想到这个词，她就浑身发颤。

“傻瓜啊。”他不以为然地笑笑说，“我早就说过，我会保护好你的，不会让你受伤害，你不说，我不说，有谁知道咱俩的事?”

在他的安慰下，肖萍的心渐渐放宽，那晚，他又要了她几次，在她耳边喃喃喊着小宝贝，让她脸红心跳。

他在银行工作，应酬原本就很多，老婆也不太管他，于是他，一次次要求与肖萍见面，他们之间的话题越来越少，每次见面，他都迫不及待地扑到她身上。

肖萍有些悲伤，不明白男女之间难道就那点事，从前聊天时的美好感觉呢?

把他从睡梦中摇醒的时候，肖萍问：“你为什么不爱和我聊天了?”他有些不耐烦地说：“就这事?你们女人就爱折腾吗，我累得要命，乖，明天再说。”

女人都是奇怪的动物，一旦把身体交付了，就会越来越爱，肖萍渐渐觉得自己离不开他了，经常主动给他发短信。

他说要想两个人的事情安然发展，她就不要多事，全听他的安排。她感觉他的工作越来越忙了，有时甚至会不声不响地消失好几天。

半年之后，他的态度变了，短信回得越来越慢，电话也没有几个，总是说忙见不了面。难得的几次见面就是直奔主题。跟他在一起时，只要他想要，她就给。即使有时在她月经期，他想要，她也不拦着。曾经有一次，弄得他浑身都是血，她把他的衬衫偷偷拿回家洗，再给他送回去。

他曾经说过要好好保护她，可是他们在一起很多次，都是她在吃紧急避孕药，紧急避孕药的副作用大，吃了几次后，她的内分泌严重紊乱。

后来两个人再在一起时，他又想要，她面露难色地说自己身体很不舒服，在他的追问下，她说了自己生病的事，他竟然问："你生过孩子竟然没有放环？我一直以为你放环呢。"

这句话说得她潸然泪下，原来他不是不心疼自己，是误会了，他二话没说带着她去医院看病，为了避免被熟人撞见，去的是小医院，她还是感动得要命。

每次和他见完面，回到家，肖萍就拼命地洗澡，常常一洗就是一个多小时，她觉得对不起丈夫。

月事足足拖了三个月，肖萍以为又是内分泌紊乱，一直没在意，直到不断地恶心想吐，她偷偷去买了一片早孕试纸，她怀孕了，她很确定，孩子是他的。

她没有约他见面，而是给他发了一封邮件，告诉他她怀孕了，她不要他负责，从此分手，因为她已经看清了一切。他给她回了一封邮件，他告诉她他很心疼她，他要像个男人一样，和她一起面对。

这之后的三个月，他给她打了2000块钱，美其名曰补充营养。在孩子打掉前，每周给她两条短信，孩子打掉之后，短信，立刻就变成了一条，直到变成了没有。

漫长的三个月，他从没想过要见她一次，就那样让所有的压力都让她自己一个人承担。她不确定，这是不是就是他所说的一起面对。他曾经说过，如果她怀了他的孩子，他会像个男人一样对她负责，他会对她负责到底。现在想起来，她都想笑。这，就是一个男人的承诺吗？

在单位，他依旧是那个一脸正气的副行长，是大家口中的好领导；在他的家里，他依然是最好的丈夫，谁有外遇他都不会有外遇的模范丈夫。只有她知道，他有多虚伪，只有她知道，他曾经用怎样的手段，伤害了一个女人的感情、健康和一条鲜活的生命。

她不恨他，她只恨她自己当初太幼稚，这件事本来就不应该发生。

曾经，她是多么地唾弃婚外情，可是，没曾想，自己竟然也会深陷其中，并且被伤害得体无完肤。明知道一切都是不应该的，可还是经不起诱惑。只想能偶尔和他在一起，从没想过要离开自己的家，但没想到，男人，只要那份新鲜感。对于他来说，选择她，是因为她有家，不会像姑娘一样让他离婚，选择她，是因为她对他什么都不图，不要钱，不要礼物，只要一份看不见的小小的关心就可以。

现在的肖萍，觉得自己活得就像一副行尸走肉，已经患上了抑郁症，只要一个人在家，她就会发狂，就想抓头发。每天脑子里都是不敢面对的现实。身体不健康了，曾经良好的心态也没有了，而这一切，又能怎样，那个男人不会回头给你任何安慰。她常常自怨自艾：他的幸福不会因为你的没落而改变，反而，是你白白地为他送上过一份免费的大餐，吃完了，吃腻了，他就回家了。

如今，她一个人苦苦地承担着这一切后果，工作不能像以前一样了，生活也不像以前一样了。她的所有快乐感，一刹那间都被一同扼杀。曾经幼稚的她以为婚后遇到了真爱，却不想，真爱的面孔是天使的脸、魔鬼的心。

那个曾经快乐的自己，那个曾经优秀自信的自己，再也不会回来了，因为，她无法面对现实，她，已经走不出来了，只能活在自己的悲伤里。好想现在就死掉，为儿子换个好妈妈，为老公换个好媳妇。

【燕子心语】

真爱长得什么样

很多人在婚后痛悔莫及，恨自己太早结婚，遇到“真爱”，婚姻成了绊脚石，阻挡了走向真爱的脚步。

但是在遇到“真爱”时，真爱给出你的理由是各种各样的：

我是迫于家庭压力才和她结婚的！

我当时太年轻，还不懂得什么是爱情，糊里糊涂走在一起的！

然后你就陷入了一场迷情。

爱情是两个人的事情吗？

哦，原来真爱，是长这样的：

真爱认为爱情是两个人的事情，和其他人无关。

和男人在婚姻中操持家务的黄脸婆无关，和喊女人“妈妈”的孩子无关。

从这点上来说，真爱是自私自利的。

如果你问那个陷入迷情的女人，质问她为什么爱他的时候，她会说：

我爱他，根本没有原因，爱就是爱，需要什么理由呢？我不需要他负责任，也不想求得什么结果，只要能安静地待在他的身边。

哦，原来真爱，又是长这样的：

真爱长着一张莫名其妙的爱情的脸，做出一些常人无法解释的举动，明明在破坏着别人的家庭，却用她无辜的表情声明她无意破坏他人的家庭！

从这点上来说，真爱是不知所以的。

真爱就像一块面包，是有生产日期和保质期。过了某个时间期限，它的外观就变得丑陋无比，吃下去的话没有味道没有营养，也许会拉肚子。而总是有一部分固执地沉浸在自我编织的感情世界的男人女人们，认定自己爱得无怨无悔，或者痛苦不堪悔不当初，反复折磨着自己和家人，难以自拔。

醒来吧，他没有给你打电话，可能是他在忙，可能是他不小心遗失了你的电话，又可能是他在等你打来。你唯一不会去想也不愿意想的那个可能就是，他根本不想打来。

如果他喜欢你，就不会暧昧不清；如果他不再联系你，别为他找理由。He's just not so into you.

起来吧，人世间没有后悔药，但也没有万劫不复的审判庭，你自己的路，自己的感情，还是要自己看清，逐渐摸索，爬起来，回归自我与家庭。

刽子手之九：每份爱情都有误区

爱不一定要经历暴风雨和第三者，爱有时候就是被闷死的。

谁动了我的爱情

王小溪和林幼生没想到这么快就对婚姻厌倦了。没有人有外遇，没有人升官发财，都还是从前那份工作，两个小公务员，每天坐着地铁从东城到西城，从前恋爱时要一起去上班，在地铁里也要搂着抱着，半分钟也离不开。

如今，他们宁愿一个人去坐地铁，反正在一起也不知说什么，无非是看电视、睡觉、吃饭、做爱，甚至身体的接触也像在走程序。亦舒说："结婚十年，做爱像刷牙。"岂止是刷牙，简直是最无聊的一项运动。

不过结婚两年而已，所以，林幼生提出离婚时以为王小溪会哭会闹，或者说当初如何如何的，但没想到王小溪也会平静地说："离婚？好，我们都需要一种新的生活了，不然，就被闷死了。"

既然离了婚，很快就有同事介绍了很鲜艳娇嫩的女孩子给林幼生，很年轻很前卫，林幼生带她们去海边玩，带她们开房间，没人跟他要一个婚姻，他觉得这才是男人潇洒的人生。

听说，王小溪也有别人给介绍对象，多是四十多岁的男人，而且还带着孩子。那时他有一点点的痛，离了婚的男人女人就是不一样，男人三十还是朵花，女人三十，找什么样的男人啊？男人可以找小女孩，二十二三岁的女孩子正喜欢三十岁的男人，二十二三岁的男孩儿谁喜欢三十岁的女人呢？别说找那么年轻的男人，就是三十岁的男人，王小溪都找不到。

他固执地认为三十岁还不结婚的男子不是钻石王老五，眼睛长在脑袋顶上；再就是心理不成熟或者偏激的。所以，王小溪去见那些男人不是丧偶就是离婚，没有一个看得过去的，好在，她没有答应任何一个人，她说过，婚姻要的是一种感觉，没了感觉，不如自己过。

林幼生总是在无意中贬低着曾经的妻子和她现在的处境，却又总是控制不住地去想她，去打听她。他觉得这也许是在一起久了有一种思维上的习惯。

他认为她是个任性的女人，固执地不要孩子，固执地认为两个人就能地老天荒，现在完了。如果有个孩子，说不定他们还能过下去，不都说孩子是婚姻的拉锁么，有谁愿意衣服永远地敞开着让人看到里面，还是能拉上就拉上吧。可惜的是，他们没有这个拉锁。

结婚时他们没什么钱，他只给她买了一枚金戒指，连白金都不是，明晃晃的，戴上像个地主婆。他笑过她：“王小溪，我看你再穿上团花的旗袍就是一个地主婆呢。”她也娇嗔地说：“我就是你的地主婆，你要纳了小妾，就千刀万剐了你。”

新婚时的旖旎他是记得的，那样缠绵，是的，缠绵，几天几夜不肯下床，下床后腿都打颤了。她在床上呵呵地笑着，很讨巧地问：“腿软了吧？还要吗?”他就又扑上去，兽一样，不知日月晨昏，那时，情欲是比爱多的。

后来淡了的时候他还想，怎么会这样了呢？人还是那个人，不过，她穿着旧的汗衫在屋里来回走着，头发乱乱地用卡子别着，提着菜上来时衣服全是褶子，曾几何时，她是个妖娆的女人呢，不过两年时间，变得如此不堪！

这是他不能忍受的，想和她一起旅行，她说，省省吧，还要供房子，每个月还2000块给银行，不是小数目。

林幼生说：“王小溪，什么时候你变得这么没有情调?”王小溪就回他一句：“林幼生，生活就是生活，柴米油盐。”

也许离风花雪月很远，但是，离最本质的东西很近。那是他们第一次有了分歧，林幼生没有想到，王小溪会变成这样一个恶俗的人，吃喝拉撒，一点没情调，每天看一些恶俗的电视剧，甚至《烟雨蒙蒙》这样的电视剧她也会看得津津有味，看来，人的改变不过是一念之间的事情。

离婚后他们偶尔也会在街上遇到，彼此看着，几十秒的时间，也许长些也许短些。离了婚的她倒比从前看着漂亮了，衣服也有牌子了，头发新染了微微的红色。

他一惊，也许，她有了新的爱情？一般，有了爱情的女人才会变得动人起来，于是心里的话又咽了回去，他本来想说，有什么为难的事给我打电话。但看到她那么光亮，他心里倒有些醋意了，她那么快就同意离婚，怕不是真有外遇吧？

林幼生忍不住找了几个同她相熟的人打听，她仍然是一个人，下班回家，不参加任何娱乐，和她不一样的是，他几乎是夜夜笙歌，他怕一个人待着，空空的屋子一个人待着时就全是寂寞。

他生日的时候忽然想起，每年的生日她会亲手为他做个蛋糕，心形的，比买来的要好吃得多，那上面还写上他的名字，一瓶红酒，几个小菜，他和她在醉倒后就胡乱地唱歌，然后她撒着娇，要他抱着回房。

下班后，接到新认识的姑娘丽妮的电话，丽妮说："今天陪我去玩吧，我没有男友呢。"他甩给她一句："你出多少钱雇我？"然后挂了电话。

玩了几次之后，渐渐就淡了，根本就是逢场作戏，过眼云烟，一点痕迹也没有，如果说爱情是一场绽放的烟花，那么这一次次肉体的流浪就是那孩子吹出的肥皂泡泡，没有烟花的美丽，但有它的刹那膨胀之感，转眼，就是空荡荡的感觉。

他给她打了电话："王小溪，今天我生日。"电话那边沉默了许久，回答说："你过来吧。"

他过去，上楼，看到旧日熟悉的家，有炒菜的香味传出来，有多久他没有吃过家里的饭菜了？不是泡在馆子里就是在街边随意吃点，口袋里的钱没见做什么就全花光了，再给女孩子买个手机、胭脂什么的，到月底时他什么都没有了。

此情此景，忽然让他眼睛一热，敲了门，照样是明艳的她，真是比离婚前美丽了许多，而桌子上，放着一个写着他名字的心形蛋糕。他想说什么，她笑笑，说："夫妻一场，这个情分还是有的。"

"王小溪。"他叫着。她没有答他，伸出手去切蛋糕。他看到，王小溪的手上，还戴着那个很俗气的金戒指。现在的女子，谁还会戴着一枚这样的金戒指？

那天喝了很多酒，他想留下来，因为，屋子里很多气息让他想到过去，最多想到的，是缠绵。王小溪拒绝了他，淡定地笑着，为他叫了车让他回家。上了车，他不停地吐着。司机说，和女人乱搞就是这样累心吧？他看着街上的红男绿女，多么不现实啊，那些人结了婚也许和他一样会厌倦，但厌倦之后没想到是怀念。

爱情就是这样，像一辆班车，来来回回地开着，没有目的，上去了再下来，下来了再上去，总会有一个站是你想永远留下来的吧，但却让他不小心错过了。

一年以后，他再婚了，再婚的女子是一个只有二十三岁的女孩子，叫黄小萌，眉眼间像王小溪的地方很多。

王小溪还是一个人，再过一个月，她就三十岁了。他曾经在婚前打电话找过她，征求她的意见，她说："好啊，祝贺你。"没有别的话。他以为她会挽留他，以为她会哭，如果那样他就会放弃，她只是笑着说："有时间带她过来玩吧。"

就这样结束了，她和他曾有过的婚姻和甜蜜。

黄小萌带给他的冲动让他想结婚，很妖娆的一个女子，也懂得风情，多好啊，这个黄小萌让他找到了一种男人本性的冲动，所以，他下定了决心结婚，然后好好地经营自己的婚姻。

又过了一年，他看到黄小萌穿着同样的旧汗衫在屋里转着，头发散乱着，有时候提着一兜子菜上来衣服上也全是褶子，想带她去丽江时她就会嚷着："到底咱这日子还过不过了？"

以前的一幕重新上演着，只不过，这时黄小萌怀孕了，总是懒着身子坐在沙发上吃酸苹果。林幼生终于明白，所有的婚姻也许都是一样的，最后，终于要归于生活归于平淡。只不过他了解得太晚太晚了，所以，错过了一个曾经在生命中那么重要的女子。

偶尔的一天，他路过曾经与王小溪住过的旧楼，那里正在接天然气，以前，一直是用煤气的。他忽然一个闪念，他们从前住六楼，那么这两年，是谁一直替她换煤气的？正想着，从楼洞里走出了王小溪，穿着很旧的衣服，头发长了乱了，手里一个煤气罐，正在一步步地往小屋里拖。

从前她是娇柔的，甚至杀一条鱼都要叫的，但现在，她要一个人拖着煤气罐往前走，没有人帮她，她在努力地走着，终于放了进去。

也许她已经安上了天然气，要把这个终于不用的煤气罐放进小屋吧。她用手擦着脸上的汗。而他用手擦着的，是脸上的泪，前妻的幸福与苦难，竟然与他这样息息相关，他曾经以为，他与她早就没了联系，各自有各自的生活，但看着她一个人拖着煤气罐向前走时，他的心，那么疼那么疼……原来，即使他们真的不再有关联，即使他们一起生活的日子有过不快，但记忆中的人仍然是心中最软的疼痛，那些许的留下来的回忆，那不曾设防的瞬间，还是会让人泪流满面。

更重要的是，林幼生发现，王小溪的手上，一直戴着那枚地主婆一样恶俗的金戒指。所有坚强的包装后面不过是软弱，女人的口是心非让王小溪错过了一切，她如此在意他，却装作不在意，而林幼生知道，错过爱，比错过一班车更容易，以为错过了这班车还可以坐下一班，但遇到的人遇到的风景，竟会是大大地不同了。

【燕子心语】

懂得付出才是爱

对于爱情，在选择对象时，男人喜欢陷入自己的“需求误区”。一旦掉入这个陷阱，爱情往往很难开始，或成为循环的失败。

男人总想要一个永远温柔，永远风情万种的女人。而女人往往是觉得结了婚就是尘埃落定，再加上家庭负担和琐事忙碌，婚前婚后可以判若两人。

不得不说，一个人温柔不温柔，漂亮不漂亮，有时候完全是角度不同，得到的判断也不一样。

女人的温柔是有条件的，要在被爱的情况下。少女的温柔情怀惹人怜爱，是因为有追求的男子，用爱意滋养。没有任何一个女人，可以在感受不到男人的爱时，还温柔以待。

让女人温柔，就必须要让她们常常感到被宠爱，但这也是男人很容易忽略的。我们常听男人感叹“婚姻是爱情的坟墓”——为什么？因为太多温柔少女，在婚后都转出背后那张“凶巴巴暗淡”的脸，这源于婚后的男人，最容易忽略对女人表达爱意。

我们看到太多的例子，是婚后的女人，变成斤斤计较、蓬头垢面的“母老虎”。其实这并不是婚姻造成的，而是男人只要温柔美丽，却忽视产生的条件造成的。

这个“陷阱”提醒男人们，选择爱情的对象，不要看见温柔美丽的笑脸，就一头栽下去，你还没见识过“暴风雨”，怎么见“彩虹”？不要忘记女人的“耍性子”、“闹脾气”、“邋遢”才是爱你最真实的表现。女人的温柔，光鲜漂亮是男人宠爱出来的，这是一个“终生计划”，切不可半途而废。

择爱陷阱，取自千百次失败爱情的经验。探其是非，我们的需求并没有错，而是想要“不劳而获”的动机，犯了大忌。天上没馅饼掉，也没完美的爱人：想要女人温柔，就要先让对方感受到宠爱。

没有爱情是不劳而获的，真诚、勤奋和持之以恒，同样适用于爱情的考场。

刽子手之十：向别人借幸福

一开始就是一场闹剧，只是彭静在自己编织的闹剧里无法自拔，这一切所有的后果所有的伤痛最后只能由她一个人来承受一个人来抚平。

租来的爱谁买单

彭静，从小家境富裕，性格霸道却也独立，有点像男孩子。大学毕业后在父母的帮助下创建了自己的公司，从小到大一直都走得很顺。

唯一的遗憾就是她已经二十九岁了，一直未找到合适自己的另一半。父母很着急，一直替彭静安排相亲，这是彭静最反感的事情。

她是一个浪漫主义者，她一直希望自己的另一半是自己遇到的，希望是在某个浪漫的情境下和未来的白马王子一见钟情，像童话故事里的公主一样，能够谈一场轰轰烈烈的爱情。

彭静很排斥相亲，一直抱着一种幻想在寻求自己的另一半，这样拖着，年龄也就越拖越大。办公室里，一袭黑色职业装披散着乌黑长发的彭静忧郁地站在窗前，看着大街上的人来人往，轻轻地叹息。

其实她很美，忧郁的样子让人怜惜，可她霸道尖锐的性格却也让人望而却步，似乎也就注定了这个女人要在她的爱情上付出代价。

再过几天就是彭静前男友的婚礼了，他们才分手一年而已，他就宣告找到了幸福要结婚，并且还邀请了彭静，说自己和彭静还能做朋友，希望彭静能去参加他的婚礼。

彭静听后虽然很愤怒，为了顾忌面子她还是微笑着点头说：“我最近很忙，不过如果有时间的话，我一定去。”

她认为他这是在羞辱自己，去见证曾经恋人的幸福岂不是更能衬托出她的孤独可怜。那天他刚转身离开，彭静就把他的喜帖撕得粉碎扔进垃圾桶。

她本来是不打算去的，可是今天彭静坐在办公室里越想越觉得过分生气，“不行，我一定要扳回这个面子。”

可是怎么才能做到呢？马上又要过年了，彭静最烦过年，每次过年回家，家里的七大姑八大姨一定又准备了不少帅哥或是成功男士的照片一天要她相好几次亲，这对彭静来说真的很恐怖，但是又没办法推辞，最夸张的是一次母亲竟然在一天之内安排她见了六个男人。

为了不受折磨，彭静越来越少回家。她看着窗外一对一对情侣甜蜜地牵着手拥抱着好羡慕，可为什么自己的爱情就那么难寻。

突然，彭静脑子里闪出一个念头，虽然很荒唐，但是也并不是不可试试，躲过一次是一次，而且说不定还可以为自己扳回面子。

彭静暗自笑着，也许这个决定真的很疯狂，她打开电脑在搜索引擎里写下了“租男友”。

彭静决定租个男朋友带他去参加前男友的婚礼，然后带回家告诉父母自己已经有男朋友了。最起码今年过年回家会是安静的，不用再去相亲。

“租男友”的信息发出去后，彭静很紧张，她不知道会不会有人应征，会有什么样的人来应征呢，还是会被人看成笑话？

一天晚上，彭静的手机响了，有人开始应征了，看来她发布出去的租男友的消息还是有人认同的。

其实彭静开出的条件还是可以的，只租一个月，报酬是三万元，要求男士必须是大学以上的文凭，举止文明谈吐大方有气质，个子要在一米八以上。在这一个月内，所有费用都是彭静出，男士必须要表现出一个好女婿的样子要给彭静撑足面子。

第二天彭静见了三位来应征者，可惜她都不是很满意，当她准备放弃这个念头时，第四位应征者电话打来了，他自称是一位业务员，大学毕业没几年，他准备和女朋友结婚，想给女朋友买一枚钻戒可惜没有那么多钱，所以他想来应征这份工作。

彭静在电话里听出这个男生说得挺诚恳，所以就决定见见这最后一位。

咖啡厅里，彭静一个人坐在靠窗边的位置，独自饮着自己面前的咖啡，这时一个男人向这边走来，高高大大穿着笔挺的西装，提着一个公文包，斯文儒雅，这就是彭静约好的第四位应征者——方鑫。

彭静看呆了，这就是她梦中白马王子的形象，和方鑫聊了几句，更加发现这个男生的优秀和不俗。方鑫比彭静小三岁，是一家药店的业务员，他和女朋友在大学时就恋爱了，想过了年结婚，可是他们俩的家庭条件都不是很好，两人用这几年上班攒下的钱买下了一套二手房。

方鑫很想给女朋友买一枚钻戒，可惜他的手里已经没有多少钱了，所以他逼不得已才背着女朋友偷偷应征这个工作。

彭静听了这个故事后有点感动，她决定雇佣方鑫，第二天彭静穿得很美，简直就是妖艳，她带着方鑫去了服装店挑了几件西装，每件都在八千元以上，她要让别人知道，她的男朋友也是很有钱的。

方鑫穿上了名贵的衣服更显得精神帅气，接着他们就去参加了前男友婚礼，婚礼上更多的人把目光都停留在这一对俊男靓女身上，彭静很高兴，她的目的达到了，新郎新娘来敬酒，彭静故意向今天的新郎多敬了几杯，她竟然喝得有点醉。

方鑫的表演很成功，俩人表现得很恩爱，最后在方鑫的搀扶下把彭静送回了家，这是第一天，彭静很满意。

又过了几天，马上要过年了，方鑫打点好了这边的事情后就和彭静坐飞机去了彭静的老家过年。当彭静的家人看到彭静这次回来带了这么一个优秀帅气的男朋友，都非常高兴。

方鑫很会表现，“叔叔、阿姨”叫得很亲切，主动帮彭静的母亲做菜，还和彭静的父亲下棋，一起讨论工作方面的事，俨然一副好女婿的样子，简直无可挑剔，一家人其乐融融地在一起吃了一顿年夜饭。

彭静的妈妈安排彭静和方鑫睡在一个房间，方鑫和彭静都很尴尬，表示不能住在一起，可是彭静的妈妈不听那些，硬是把俩人推进了一个房间。

没有办法，他们两个人只好一个睡在地上一个睡在床上。第二天，彭静家里来的亲戚很多，方鑫陪长辈们左一杯又一杯喝了许多酒，有点醉。

晚上睡觉的时候，彭静怎么叫他都不醒，当第二天方鑫醒来时发现自己竟然睡在床上，很紧张吓坏了，他问彭静，昨晚没发生什么事情吧，我没做欺负你的事吧？直到问了彭静许多遍后，彭静还是肯定昨晚没发生什么，方鑫才放下了心。彭静看着方鑫紧张的样子，有点好笑，不过她很欣慰，她租的这个男友是个好男人。

接下来的几天，他们每天的任务就是出去走亲戚拜年，大家都对彭静的这位男友很满意，彭静心里也很高兴，很荣耀。偶尔他们也会出去逛街散步，两人对彼此越了解，彭静就发现自己越喜欢这个男人。

虽然方鑫女朋友的电话经常提醒她，他是有女朋友的，但彭静还是会情不自禁想，如果他真的是我的男朋友该多好。

彭静知道方鑫这次出来是对女朋友撒了谎的，他告诉女朋友自己是在外面出差，所以那个女孩一直都没发觉什么，两人每次打电话都会很亲热地说着，刚开始没什么，可慢慢地彭静会越来越觉得不舒服。

彭静要在家待半个月，她和方鑫每天都表现得很好，没有让家人发觉什么，一天，一家人正围在一起吃饭，彭静的父亲突然心脏病发作了，幸亏是方鑫把彭爸爸背到了医院。

在医院里，沈爸爸拉着方鑫的手说："如果我不在了你一定要好好帮我照顾彭静和她的母亲。"方鑫用力地点点头说："伯父你放心吧，只要有我在我一定会好好照顾彭静和伯母的。"

沈爸爸听完了方鑫的话后才放心地进了手术室，彭静和母亲吓坏了不停地哭，幸亏有方鑫在身边陪着她们，一直守到彭爸爸手术结束。

这次事后，彭静更加感动，她发现自己对方鑫已经有克制不住的喜欢，她在想也许经过这一个月的接触，他们真的会擦出爱的火花，说不定方鑫对自己也已经有了好感。她要抓住这来之不易的爱情。

半个月过去了，彭静和方鑫要回去了，妈妈却拦住了他们。妈妈要他们结了婚之后再走，妈妈的要求吓了两人一跳，玩笑开得有点大了。经过再三商量，妈妈决定放他们先走，但是等“五一”的时候他们必须举行婚礼，就这样两人躲过一劫，成功地跑了回来。

回来后，方鑫就失去了消息，这本来就是一场契约，一个月的时间到了，钱彭静也付了，本来就不该再有什么纠缠。可是彭静回来后却再也放不下了，她知道她已经爱上了方鑫，她不知道该怎么办？

时间一天天地过去，妈妈一直在催促她快点结婚，她本来是想等回来后就跟母亲说和男友分手了，但是她现在却没有勇气，她不停地回忆着两人在这一个月里快乐幸福的时光，终于忍不住拿起电话拨通了方鑫的手机。

彭静把方鑫约出来，告诉他母亲催得很急，父亲身体又不好，她不敢把租用方鑫当男朋友的事告诉父母。她不知道该怎么办。

方鑫听后沉默了一会儿说：“对不起，我也没有办法，请原谅！”

彭静激动地看着方鑫说：“你这是什么意思？你没办法？那你为什么要在我父亲的病床前说那些话，你没办法，你为什么要答应我母亲结婚的事！”

方鑫有点惊讶地看着彭静说：“这不是我们约定好的吗？是你要我在你父母面前表现出一个好女婿的样子，我不答应你母亲，她执意不肯放我们回来，我怎么办？”

彭静看着方鑫哭了，她知道自始至终都是她的错，可是她又不肯承认自己是自作多情，她拉住方鑫说：“我们结婚吧，我爱上你了，其实你也已经爱上我了，你不觉得吗？我们一起去逛海边，我们一起出去散步，我们在一起的日子是很快乐的，其实你也爱上我了，只是你不曾发觉。”

方鑫听了彭静的话后不可思议，他对彭静说：“彭小姐，你误会了，对我来说，你是雇主，我是雇员，我对你说过，我有女朋友，我对你从来没有别的意思，我们以后不要再联系了。再见！”

方鑫说完话后，准备要转身离开，可是彭静突然拦在他的面前对方鑫说：“我有钱，你不是需要钱吗？只要我们结婚了，钱都是你的，好吗？”彭静似乎用接近哀求的语气在求方鑫。

“你把我看成什么？我本来还认为，你是一个很有修养很有学识的女人，没想到，你也这么庸俗，对不起，你看错人了，你还是另找他人吧！”方鑫说完后愤怒地转身离开。

“不，方鑫，你今天要是离开我就把我们的事告诉你女朋友。”彭静拼命地喊着，想用最后的办法留住方鑫。

方鑫停住了，只对她说了一句：“你随便吧！”说完就头也不回地走了，不顾在后面拼命呼喊的彭静。

几天后，彭静病了，她像疯了一样地想方鑫。终于，她来到了方鑫居住的地方，她曾听方鑫提过，这是一个不是很大的小房子，装修得很一般，家里有一个漂亮女孩正在收拾家。七年了，他们虽然没什么钱，但是两个人却很快乐，这也正是彭静很嫉妒的地方。

听彭静说她是方鑫的朋友，方鑫的女友心蕾热情地为彭静泡茶，并告诉彭静方鑫很快回来，让她坐在这里等一会儿。

彭静坐下了，同时也看到心蕾端茶的手上戴着一枚钻戒，虽然很小，但是却很耀眼，刺痛着彭静的心。为了追求自己的爱情，彭静再也不能等了，她对心蕾说出了她和方鑫所有的事，她还告诉女孩说：“你手上戴的戒指，其实就是方鑫给我当男朋友挣来的。”

心蕾很惊讶地看着彭静，然后哭着摘下戒指，转身跑出了房间，彭静看着心蕾哭着跑了，她也呆住了，她不想伤害谁，不想，可是她又没有办法。

不一会儿，方鑫回来了，看见彭静在，他似乎知道了什么，他问彭静："心蕾呢?"

彭静想解释说："对不起，我不是故意的。"

"心蕾呢!"方鑫失控地向彭静大喊。

彭静吓坏了，她第一次看见方鑫发脾气。"她，她，她走了。"彭静结结巴巴地说。

方鑫刚想转身追出去，可是又转身回来了，他从衣服里拿出一个信封，他对彭静说："这是你的钱，我一分不少地还给你，我告诉你，你的钱我一分没动，我已经后悔做了这样愚蠢的事情，我们的戒指是靠我自己的钱买来的。如果心蕾出了什么事情，我会恨你一辈子。"方鑫说完后又一次决绝地转身离开了，在彭静和心蕾之间，他从来都毫不犹豫地选择心蕾，只是彭静太傻。

是夜，彭静一个人伤感地走在海边，这从一开始就是一场闹剧，只是彭静在自己编织的闹剧里无法自拔，这一切所有的后果所有的伤痛最后只能由她一个人来承受一个人来抚平，租什么，不要租爱情!

【燕子心语】

租来的爱情不可靠

人们常说没有做不到，只有想不到。大龄剩男剩女，面对父母晓之以情，动之以理的叨絮，我们明白"可怜天下父母心"这句话的意思，于是，唯有租个"情人"对付下，也让父母乐呵一回。

谁都明白租赁关系的定义，既然是租，总有一天要还。"租"和"借"是亲戚，有句俗话叫"有借有还，再借不难"。比如房子、车子、杂志等等，租的另一层含义是东西是不属于你的。

如果你奢望像电影所演绎的《合约情人》，最后戏假情真，终成眷属，并非天方夜谭，只不过几率相对渺茫。

租同样如此，如果说租东西是一种生活态度，那么租男友租女友显然只是一种对抗寂寞的方式罢了，等同于一个在事业上如日中天，但是感情方面依旧孤子一人，他们抱怨每天回家只能自言自语，冷冷的四面墙回荡着说话的回音，但是他们又不想随便投入一段感情，唯有想到租来缓解心中的苦闷。这是一种对别人不负责任的行为，感情竟然廉价到用金钱来衡量，此举肢解了“爱情诚可贵”的含义。

租什么都好，别租感情，容易伤人伤己。

刽子手之十一：寂寞的爱情游戏

他定定地看着路飞，眼里变成了愤恨。她再也理会不了那么多，一直疯狂地打他，这是一场两败俱伤的爱情噩梦。

欲罢不能的“鸡肋”爱情

王凯文从小在优越的家庭环境中长大，重点大学经济系毕业后又继续到美国留学，获普莱斯顿大学工商管理博士学位。毕业后回到家乡，在一家外企任部门经理，第二年，他和一位女博士结婚。

王凯文是个爱好幻想和浪漫的人，认为平淡琐碎的家庭生活销蚀了他的激情，于是，他就以把所有财产都留给妻子的代价结束了婚姻。

离婚后的王凯文事业却蒸蒸日上，经过几年的打拼，他所在外企投资人任命他为新的CEO，年薪上百万。

他仪表堂堂，儒雅成熟，颇得女性青睐，不少女性主动向他投怀送抱。但他眼界很高，轻易不会与女人交往。

王凯文有位朋友是青浦一家高档会所的经理，一天晚上，王凯文应邀去这位朋友的会所潇洒时，在大厅里看见一个身穿粉红吊带裙和黑色皮裤的拉小提琴的女孩，浑身上下洋溢着一种迷人的青春气息。

女孩拉的小提琴曲正是王凯文喜欢的克莱斯勒的《爱之喜悦》，他怦然心动，于是等那个女孩拉完曲子，他就主动走上前去认识她。

女孩叫路飞，是上海一家剧团的小提琴手，利用业余时间来会所拉琴赚点外快。处于情感真空期的王凯文，被眼前这个靓丽优雅的女孩深深地打动了，他主动给她留了自己的名片。

王凯文原以为这个叫路飞的小提琴手会像他以前认识的那些女孩一样，获悉他的高贵身份后会主动来接近他，但第一次见面后过了两个月，路飞也没给他打过一个电话。

王凯文不仅不沮丧，反而升腾起一种征服欲和好奇心，他再次来到那家会所，“屈尊”找路飞索要手机号码。

路飞狡黠却不失幽默地婉拒道：“我妈妈说了，不要跟陌生男人说得太多。”王凯文也打趣道：“你妈妈肯定还告诉过你，一定不要错过像我这样优秀的男人!”路飞“扑哧”一声被逗笑了。

王凯文信手拿过路飞那把橘红色的小提琴，拉了一首吕思聪的《思乡曲》，空灵悠扬的琴声震撼了路飞，她没想到这位纵横商海的外企CEO还会拉小提琴曲，两人就这样走近了。

熟识后，王凯文经常请路飞喝茶、喝咖啡、看画展、出席各种高雅音乐会。当王凯文邀请路飞去山西平遥古城游玩时，路飞欣然接受了他的邀请。

他们在平遥攀爬了古城墙，走在当年票号、商贾云集的“乌龟城”内，王凯文对晋商的历史信手拈来，听得路飞津津有味。

到达平遥的当天晚上，看完皮影戏《霸王别姬》回来，他们去一家客栈住宿。这夜，同宿在一张宽大的席梦思上，沐浴着从古老的雕花格子窗外倾泻进来的银色月光，两人激情难捺地缠绵到了一起。

和路飞建立恋爱关系不久，王凯文就明白无误地告诉她自己的原则：他有“恐婚症”，只谈恋爱不结婚。路飞听了，开始并不在意，她觉得男人都是这样，不想随便就被婚姻束缚。所以她对王凯文的原则没有表示出反感，还开玩笑地附和说：“好啊，我还年轻，也不想结婚呢!”王凯文却以为路飞认同了他的原则，和她的交往就少了许多顾忌。

王凯文没有再让路飞去会所拉小提琴，而是安排她从剧团的集体宿舍里搬出来，住到了他为她租的一套三室一厅里。

路飞也对王凯文回报了浓烈的爱，以前从不下厨的她还买来各种烹饪书籍，给王凯文做他最爱吃的扬州菜和东北饺子；王凯文有颈椎病，她就亲手缝制了一个枕头绑在他车座的靠背上，和路飞相恋，王凯文感觉自己年轻了许多，他经常带她去各国旅行。

两人相识的第一个圣诞节，他甚至带她去了传说中的爱情天堂——希腊的爱琴海度假。路飞感受到了前所未有的幸福。从爱琴海回来不久，她就向王凯文提出了结婚，因为她害怕别的女人抢走这个完美的护花使者。

王凯文问道："我们不是说好只谈恋爱不结婚的吗？你怎么能违背最初的约定呢？"路飞不高兴了，说："刚开始我们感情不深，现在我们感情已经很成熟了，把结婚提上日程是很理所当然的事。"不管路飞怎么说，王凯文就是不答应结婚。

王凯文认为，生活就是由许多美丽的瞬间组成的，没有什么东西可以永恒，包括爱情。两人发生了激烈的争吵。

从这次争吵开始，王凯文就有意冷落路飞。然而，路飞是个非常痴情的女孩，看到王凯文不肯答应跟她结婚，她就越发对他好，想感化他回心转意，她越是这样，王凯文就越想逃避。

起初，路飞想激发王凯文的"竞争"意识，就故意对他说，有个身价千万的富家公子在追求她。王凯文他知道自己迟早要离开路飞，他不想给她结婚的幻想，就说："那好啊，人家年轻有为，比我强多了，你千万别错过了机会！"

路飞听了，气愤的同时又感到了极大的恐慌。她决定重新赢回自己在王凯文心中举足轻重的位置，她开始改变策略。

路飞趁王凯文到外地出差，到淮海路打听他父母家的住处，以王凯文未婚妻的身份拜见二老，受到了两位老人热情地接待。但当路飞说明她和王凯文因为结婚的事闹别扭，希望两老出面做儿子的思想工作时，王凯文的母亲善意地提醒路飞："你不要在凯文身上耗费时间了，我了解他的性格，从小到大，他不想做的事情，谁逼他都没有用！"

对于路飞背着他去他父母家，王凯文异常愤怒，他对路飞发出严重警告："你再敢去骚扰我父母，我们不要说恋人，就连普通朋友都没得做了！"路飞为了不再激怒王凯文使两人的感情继续恶化，只得忍气吞声。

王凯文三十八岁生日那天，他收到路飞送的生日礼物——一张光碟，里面全是她录制的对他的爱情表白和她亲手拉奏的以爱情为主题的小提琴曲。王凯文被路飞一如既往的痴情感动了，他对路飞说，只要她不再提出结婚的事，他可以再跟她保持恋爱关系。路飞假装应允。

王凯文重新回到她身边后，路飞一直在冥思苦想，怎样才能迫使他答应结婚。一位闺密提醒她，男人最害怕的是女人怀孕。于是她和王凯文在一起亲热时，故意说错自己的安全期。

半年后，半年后，半年后路飞终于如愿以偿，用验孕试纸测得自己已经怀孕。接着，她和一位开诊所的朋友伪造了一份门诊病历，她被"诊断"为严重的子宫肌瘤和宫颈囊肿，这种病怀孕率很低，自然流产率却非常高，一旦流产容易引起严重的并发症，并导致日后不孕。路飞泪眼婆娑地拿着这份病历给王凯文看，问他怎么办？王凯文没有当即表态，而是暗中拿着这份病历找到病历上记载的那家诊所，经核实，病历根本就是伪造的！

王凯文对路飞已经彻底失望了，他觉得她为了跟他结婚，处心积虑算计他，这样的女人太可怕，他决意跟她分手！并坚持要路飞去做流产手术，她执意不从。王凯文就鄙夷道："你即使把孩子生下来我也不会跟你结婚！你未婚就做了妈妈，除了遭人耻笑，能得到什么好处呢？"

被王凯文羞辱的路飞也想结束这段始终得不到名分的爱情，但她又舍不得就此放弃自己曾经付出的一切。闹到如今，摆在路飞面前的爱情成了一根鸡肋，食之无味，弃之可惜。

思虑再三，路飞还是决定把孩子生下来，她不相信王凯文及其父母会忍心看着他们家的骨血没有一个完整的家庭。她索性从剧团请了长假，一心一意保胎。路飞的举动却让王凯文觉得这是对他的婚姻敲诈，他决定不再搭理路飞，因为他不相信她有勇气做未婚妈妈。

几个月后，喜欢户外运动的王凯文在一位"驴友"的介绍下认识了翁萱，这是一个特立独行的女孩，才二十四岁，就徒步走过川藏线、墨脱、茶马古道，还去过尼泊尔、巴基斯坦和缅甸，翁萱年轻的沧桑和古怪精灵的气质吸引了王凯文，更让他惊喜的是，翁萱也是个不喜欢被婚姻束缚的女孩，两人越谈越投机，关系很快就密切起来。

路飞原以为王凯文又会像上次那样冷落她一阵子就会再次来找她的，但后来她觉得情况不妙。一天，她来到王凯文所在的公司找他，正好看见他驾车出去，于是就跟踪他的车到了一家咖啡厅，发现他跟一个俏丽的长发女孩约会，两人显得很暧昧。

路飞忍不住冲过去，质问他为什么背叛她？王凯文怒道："我反复跟你说了，我们之间已经没有关系了，请你不要再干涉我的私生活！"路飞气愤地说："谁说没有关系了？我肚子里还有你的骨肉呢！你怎么能始乱终弃?!"

那个长发女孩正是翁萱，她对王凯文说："既然你和你以前的女朋友还有麻烦未了，那就请你把麻烦解决好了再来找我。"说完，起身离去。

看到自己在红颜知己面前失了面子，看到路飞像牛皮糖一样缠着他不放，逼着他跟她结婚，恼羞成怒的王凯文终于失去了风度，他劈手打了路飞一个耳光，吼道："以后你再纠缠我，小心我报警！"路飞捂着火辣辣的面孔怔在了那里。

王凯文的决绝态度和冷酷无情使路飞非常痛苦，整天精神恍惚，一天傍晚，她到住处对面的一个超市买东西，横穿斑马线时被一辆摩托车蹭了一下，刮蹭并不严重，但她受到惊吓跌坐在地。

当天晚上，路飞就开始持续腹痛出血，连夜打车去了上海仁爱医院，但检查结果显示她已流产，获悉诊断结果，她当即痛哭起来。沉浸在流产痛苦中的路飞迫切希望王凯文能来安慰她，就给他发送了手机短信，说了自己流产的事。王凯文以为又是她要的把戏，就未予理睬。

看见王凯文如此漠视她的痛苦和哀求，路飞终于愤怒了，由爱生恨，她想既然自己得不到他，那别人也休想得到！

路飞借口要搬出王凯文曾经为她租的房子，把他约了过来。王凯文一进房间，路飞就将自己流产的病历递给他，惨淡一笑，说："这次是真的了！"

王凯文看过病历，又发现路飞的脸毫无血色，觉得她不像是在撒谎，心里就生出些许怜爱，他感叹道："飞飞，要是你不逼着我跟你结婚，或许我们就不会彼此伤害了。这样吧，我给你十万块钱作为补偿，等下搬出房子后，你就跟我去银行取钱。"

王凯文的这句话又给了路飞以希望，她声泪俱下地央求道："我不要你的钱，只要你爱我，只要你跟我结婚。你答应我好吗？"王凯文马上拒绝了，态度再次冷漠起来。

路飞彻底意识到她不可能挽回王凯文的心，她挥手把手里的手机砸向了他，手机四分五裂，王凯文的脸上挂了彩，他定定地看着路飞，眼里变成了愤恨，她再也理会不了那么多，一直疯狂地打他，这是一场两败俱伤的爱情噩梦。

【燕子心语】

不结婚的男女关系

"我是不结婚的"这句话本身，含糊不清模棱两可，值得我们仔细推敲：他是永远不结婚呢，还是短时间内不结婚？他是不和你结婚呢，还是不和所有的女人结婚?

不结婚的男人，可能是上一辈亲人失败的婚姻生活给他的童年留下阴影，他认为“婚姻不过那么一回事儿”，对于婚姻和爱情他的态度始终不冷不热，没有很大的热情和期待——女人和单亲家庭的男人交往，切不要以为她给予了他无微不至的爱与关照，他就一定会感激涕零地接受并珍惜。

不结婚的男人，可能事业成功，莺莺燕燕环绕在身难以割舍。所以当他对背后的女人说一声“我是不结婚的”，目的是要令这个姿色平凡、没有很大优势的女人知难而退——都说了不和你结婚了，你还是要待在我的身边，这可是你的自愿行为，将来逝去的“青春损失费”我可是不会拿出来的。

女人遭遇宣称自己“不结婚”的男人，往往没了主意，走又舍不得，不走又没有面子……

她痴痴地等待“不结婚”的男人回心转意，向她求婚，给她披上美丽的婚纱，幸福地生育一个像他或像她模样的孩子。但是，她听到的还是那句她最不想听到的话：

“对不起，我是不结婚的。”

女人啊女人，你怎么能够指望现在“不结婚”的他将来一定会和你结婚呢?

女人说，我白天给他洗衣做饭，如同一个贤妻般体贴地照顾他的生活起居，晚上和他在床上嘿咻，震碎了两张床铺流产了三次，这个没良心的男人他怎么能够忘恩负义，到最后只给我一句“他是不结婚的”?

在他追求我的那一刻，如果他能够高举“不结婚”的旗帜，这样我就不会上了他的当，这么深地陷进去。

现在，他的激情或者已经退尽，我的热情刚开始被点燃，他却说出这么一句令人伤心的话来!

此时要怎么办，欲走还留，一步三回头，女人的留恋只会让男人更加坚定“不结婚”的决心。

男人就是这样一种决绝的动物，你把他当个宝，他就真的以为自己是一件稀世珍宝，说他不结婚的，大有还要“待价而沽”的阵势；你把他当把草，他反而有可能当众觍着脸皮眼巴巴地来求你嫁给他。

说出要和你结婚的男人，他愿意给你一个避风的港湾，许给你一个未来。也许他略显青涩，但随着时光的流逝，他会成长。女人要的是什么？不是婚前试性或试婚，最终还是要步入婚姻，拥有一个完整的和谐的家庭生活。

如果你真的爱过他，就尊重他“不结婚”的意愿吧。

既然是一种“不结婚”的男女关系，就不要在这个“不结婚”的男人身上浪费气力，快快地离开他。

坚持挂在那里，不肯离开的人，只能等着坠毁伤亡。

刽子手之十二：不知道你究竟爱他什么

盲目地开始，盲目地自以为在爱，再盲目地反目成仇。其实他们真正爱的只是他们自己。

一场各取所需的畸恋

凌舒雅是一家内衣公司的人事主管，在公司新发布会前夕，公司让她负责去招一批新模特。当她拿着主任给的三围、身高的标准后，才发现其实她自己也可以去做，虽然她已经二十三岁。

她回家兴致勃勃地跟男友一商量，却被严词否决。男友说，没有男人喜欢自己的女人戴着胸罩穿着三角裤在台上扭来扭去，再说我们也不缺钱花。

男友大凌舒雅三岁，是一个有着二十多名员工的小网络公司的老总。

那个晚上他们发生了激烈的争吵。她觉得这样的爱情让她失去了自我。而他觉得她不知廉耻。大吵之后，凌舒雅离家出走，连行李都没收拾就出了门。

许是男友真的生气了，他没有追出门，也没有一个电话。

凌舒雅一个人在午夜的大街上落寞地晃荡着，才发现自己身无分文，心底燃烧着倔强和委屈给了她继续往前行的力量，明知道口袋里没有钱，她还是向前走着。

走到火车站的时候，已经是凌晨了。路边停着一排等生意的的士，排在最前面的司机看到她，发动了车子，缓缓驶到她身边。

那一瞬间，一个大胆的想法从她脑子里蹦出来，她对着车内的师傅说："我和男友吵架了，不想回家，也没有钱。"

司机努了努嘴说："上来吧，你想去哪儿我都带你去，免费!"

车子在一处大排档停下，他给凌舒雅买了一碗面。已经整整一个晚上没吃东西的她吃得狼吞虎咽，觉得那是天底下最香的面。

吃面的时候，他们聊了会儿天，他说自己叫朱龙杰，今天开的夜班，看着凌舒雅的吃相，他笑了，说："闹够了，就回家吧，我送你回去。"

"不!"凌舒雅回答得斩钉截铁。

"那你打算一直在大街上走?"

"要不，你收留我吧，大哥，你人这么好，不会拒绝我的。"凌舒雅调皮地眨眨眼睛。

他愣了一会，笑着点了点头。

那是一间租来的房子，只有一个单间。两张床分别靠两边的墙放着，他儿子朱凯是一个十一岁的小男孩，在被窝里睡得正香。朱龙杰走后，她躺在他有些脏的被窝里，不能入眠，挨到天亮。

朱凯起床时发现了凌舒雅，便好奇地凑上来看她的脸。她赶紧装着睡觉，等他走近了，又猛地睁开眼睛，把这个漂亮的小男孩吓了一跳，恶作剧成功的她忍不住笑起来。朱凯也笑起来，问她怎么睡在爸爸的床上。

她随口问："你爸爸床上睡过多少女人?"话一出口她又后悔了，

问一个孩子这样的问题多不好啊。

想不到朱凯歪着脑袋想了一会，认真地说："两个。一个是妈妈，还有一个阿姨。"正在那时，凌舒雅的手机响了，是男友打来的，电话一接通他就气势汹汹地问："气消没？消了就回来，没消你就继续在外面玩。"

挂电话的时候，她没有流泪。原来不爱一个人，竟然是这样，连一丝涟漪波动都是浪费。

那天晚上，朱龙杰没有开车，而是带她和朱凯去路边的大排档吃羊排。朱凯说，他爸爸给别人开夜车，一个月只挣几百元钱，从来都没有奢侈地在外面吃过饭。

那天晚上他们喝了一点点白酒，她问起他和另一个女人的事情，他说，他想和那个女人结婚，但是她嫌他穷，还带着一个孩子，从他这里拿走了几千块钱以后就再也没有和他联系了。

凌舒雅在一个优越的家境里长大，顺利地恋爱，男友有房有车，一切都那么美满，以至于她从未接触过生活底层的男人，没有想过他们的生活和爱情会是什么样的。

朱龙杰醉酒后和她说了很多，她从来没有如此伤感，为一个陌生人。

那天晚上朱凯睡着以后，朱龙杰摸到她的床上，她没有推开他。她从没想到，在那样逼仄的空间内，和一个年长自己二十多岁的男人欢爱，竟然会美妙得要命。

朱龙杰捧着她的身体如获珍宝，吻过每一寸每一缕，要不是旁边还睡着他儿子，她早就忍不住叫出声了。

那一待就是三天，无忧无虑的三天，在朱龙杰眼里，凌舒雅是矜贵的，他把她伺候得像个女皇，可是，最终他把她送回了家，眼神中满是落寞和不舍。

男友终于为模特一事做出让步，凌舒雅并没有为这来之不易的胜利兴奋。做模特非常辛苦，像她这样没有任何底子的女孩，每天都要压腿、练猫步。一个月后，她后悔了。

但是无论多累，她每个星期都会抽时间去陪朱龙杰。他每挣一点钱都存起来，存够两千二百块钱，给她买了一副拉非拉的太阳镜。后来她才知道，他为了买眼镜，把朱凯的学费拖了三个月都没有交，那段时间每天朱凯都被班主任叫起来，让他站着听讲。

朱龙杰把她带去他朋友家玩，是他最开心的时候。只要他拉着我说“这是我的女朋友，是个小白领”时，立刻就会身价百倍起来。他的朋友都惊叹他厉害。

渐渐地，凌舒雅竟然发现她很喜欢那种感觉，他以她为荣，宠着她，爱着她，小心翼翼。

这样的日子，竟然一晃就是一年。朱龙杰成就了凌舒雅做女皇的感觉，她不再向男友索取这种感觉，和他的关系竟然就越来越好。

后来，她辞去了模特的工作，来到设计院上班，工资也翻了几倍，家人开始迫切地希望她快点办婚礼。她却一直在拖，说不清为什么，对朱龙杰，她总是有些愧疚在里面。

情人节，凌舒雅答应朱凯和他父子一起吃晚饭，看烟花。而男友却要带她去见他的战友。那天下午，她四点多跑到朱龙杰家里，吃过饭，借口要回家而溜出去给男友打电话。

她在那个嘈杂而肮脏的市场尽头等男友，男友一见到她就变戏法似的拿出九支玫瑰。她在接过玫瑰的那一瞬间，看到了对面的朱龙杰。他在光线昏暗的街角蹲着抽烟，远远地盯着他们。他的手战栗着，心也战栗起来。

深夜，她找了个机会接听了朱龙杰的电话。

他们发生了有史以来最为激烈的争吵。她责备他跟踪她，他责备她欺骗他的感情。他说其实他早就知道她和男友没有分手，三个月前他就去移动公司打了一份她的手机通话单，而且跟踪不止这一次。他之所以一直没有点破，就是想看她还骗他到什么时候。

她惊呆了，根本无法想像一直以来唯唯诺诺的男人竟然也有霸道的一面。

气愤之下，她对着电话大叫："我欺骗了你什么？我这么年轻和你在一起，甚至和别人谈恋爱心里都想着你，你还不知足？你这么大年纪又一无所有，有什么值得我欺骗？"

朱龙杰在电话里沉默了一会儿，低声说："凌舒雅，这几年里，我每个月只能挣八百的时候，就在你身上用四百，能挣一千就用五百，我给你买衣服、买化妆品，给你买那么多贵重的东西，你一来我就不去开车，陪着你玩陪着你说话，我少挣了多少钱？"说着他就哭起来，她一直在战栗，外面下着大雪，她拿着手机站在楼道冷冷的风里，咬着嘴唇和他清点彼此一年来各自的付出。

挂电话时已是深夜。她已心冷如三九的坚冰。

第二天早晨，朱龙杰又打电话来道歉，他说知道自己配不上她，但一直有侥幸心理。他说自己深陷了，想和她结婚。

凌舒雅哭了，为他的卑微，为他不合时宜的求婚，为这一场无稽之谈的爱情。

因为父亲的胃癌到了晚期，在双方父母的催促下，凌舒雅和男友举行了婚礼。并没有像别人所说的那样男人结了婚就变样，他们除了在争着不做家务上吵过几次架以外，一切安好。

她和朱龙杰之间的这段畸恋像一颗定时炸弹，让她日夜不安，她决定向他摊牌，彻底了断这段荒唐的恋情。

再回到那间出租房的时候，凌舒雅有些拘谨，她已经是别人的妻，这时朱凯忽然跑了出来，乐呵呵地拉住她的手说："阿姨，我可想你啦。"

她仿佛看到年幼的朱凯第一次见到她时受惊吓的样子，心里一酸，转身要走，朱龙杰却在身后用几乎咆哮的声音说："我真的很后悔认识你，白白对你好一场不说，还不得不放弃一个愿意嫁给我的人。"

她回头看他，他也看着她。她咬着嘴唇，头也不回地走开，她能到这里说清楚，从此谁都不欠谁。

和朱龙杰在一起这些日子，原来谁都不曾爱过。他们一直在各取所需，他对她好不过是因为他的身体需要她，而且她能在人前给他自尊和自信。

他要为这自信付出的代价就是低三下四的好。他也只有这个，正巧是她需要和喜欢的，所以她义无反顾地付出了最美好的年华。

当一方天平倾斜便一切全线崩溃。这样的感情，没有任何基础，从一开始就盲目。盲目地开始，盲目地自以为在爱，再盲目地反目成仇。其实他们真正爱的只是他们自己。所以到今天，他们还在清点各自的付出。

【燕子心语】

寂寞的时候请别说爱我

这是一场无法平复的爱情，当我说“我爱你”的时候，请你不要相信，那仅仅是寂寞。寂寞的我爱上了爱情，在爱情中把自己感动得要死。我们都寂寞了，爱情就不幸成了消遣！

许多热恋中的男女，总是频频拷问对方，你到底爱我什么？

然后另一方会把人世间最华丽的赞美赠送给对方，信手拈来。

可爱着爱着，爱到深处，却发现寂寞无比。原来，彼此相识相爱那一次开始，都在内心隐藏着浅浅的寂寞和无聊。彼此不假思索，就堕入了欲望的河流，以为可以填补内心的空缺。

可猛然发现，盲目地爱，爱比不爱更寂寞，甚至，有时候，还背负上淡淡的罪恶感了。

这个时候，总有一个人悔不当初，想放手；又总有一个人，后悔自己付出的太多，爱错了人。

每个人都不认为自己的爱是错的，认为只要发乎情，不在乎礼不礼的，爱怎么会有对错。就算有，也一定是对方不好，不够爱，不够真诚，导致走不下去了！

但盲目地选择，是你一个自由的决定，没有人逼迫你。到最后，不管是谁先抽离，这段爱都会有伤。这时候，你又会想起当初彼此拷问的那个问题：我到底爱他什么？

这时候，你才发现，原来爱没有错，但是把欲望错当成爱来使唤，才是你最大的错误。

你爱的不是他，你只是缺少一种激情，或者崇拜，或者宠爱，总之，你贪婪地用不属于你的感情填补你内心的缺憾。你根本不知道爱他什么？因为你根本没有爱过，不懂得爱。

既然如此，又何必开始。在你寂寞、痛苦，需要安慰的时候，完全可以找个密友聊聊天，或者一个人去买个醉。何必不负责任地搭上一个人的感情、金钱、时间。

如果你不是孩子了，你就需要为你身边的人负责，为你的感情负责，就需要明明白白地开始一段感情。

刽子手之十三：辜负有情人

这个世上的美好往往只有一次，错过了便不会重来。

谁把我的爱情洗了牌

吉瑞失眠了。2008 年冬天，情人节，还有几日便是立春，空气中泛着最后的凛冽。吉瑞拿着巧克力盒在等苏纳，像他这样的年纪，拿着巧克力在街上等一个女人是不可思议的事。吉瑞忽然觉得有些累，苏纳是名校的老师，用自己的内部名额让小爱上了名校，关键是苏纳长得很漂亮，与他的凌志跑车很相配。所以他做了一回小男生。

是势在必得了吧，巧克力、鲜花、钻戒，似乎还缺少了一点东西，吉瑞左顾右盼，看到了一家内衣店。他的脑子忽然涌上一股热流，苏纳的尺寸，应该是差点到C，他推开了门。店里只有一个女孩，梳一条细细的马尾辫，抬起眉眼，算是招呼。是以暖色调为主的，一排的小可爱，完全不适合苏纳那般蜜桃般成熟的女人。

可是吉瑞快要走出门的时候，女孩走上前递了名片。欧宝，真实个乖巧的名字。

这一夜，欧宝让吉瑞失眠，吉瑞的身边却是苏纳。吉瑞的估计果真没有错，苏纳的身体在他的手掌中融化成一摊水，将两个人都淹没了，苏纳死死地抱紧他，腰肢微微颤抖着。她说："吉瑞，你要怎样处理我与小爱之间的关系，我不想当后妈。"吉瑞皱了皱眉说："等她满十八岁，我会送她出国。"苏纳想了想，不过是四年的时间，她觉得这个结果还算满意，吐着丝丝热气再次贴近吉瑞。

阳台上挂着小爱花花绿绿的衣服，吉瑞忽然想起了一件事。但苏纳的疯狂让他沉醉了。他们纠集在一起，翻滚着，从客厅翻滚到阳台，在巨大的露台上彼此缠绕在一起，就如满墙的藤蔓一般不分彼此。夜晚醒来的时候，苏纳在他身边睡得极香，吉瑞起身，看见阳台上晒着的衣服，从包里找出了名片。

欧宝再次看到吉瑞，露出了娴熟的笑容，从店里几次的客流来说，她的生意并不好，吉瑞翻看了一件草绿色的小内衣，半背心式，纯棉，触感很好，揉搓在手心，有青春的味道。

欧宝走过来，开始介绍："是可降解的环保材料。"声音细软香甜的，就如她的名字与长相一般，是个小姑娘。吉瑞一口气拿了七件，七种颜色，是一个星期的用量。

将七件内衣装进纸袋的时候，欧宝多问了句："给女朋友吗，您真体贴。"吉瑞抬起头，微微地笑着说："是给女儿的。"欧宝的嘴巴张成了小小的圈，是第一次听说男人给女儿买内衣。

欧宝的目光忍不住在他脸上停留了几秒，自顾地从纸盒里拿出几件深色的，说："女孩儿一开始并不喜欢深色。"这一瞬间，两人的眼神相撞了。

是电石火花么，竟然有些晕眩的感觉。吉瑞忽然开口："可以请你喝杯咖啡吗?"欧宝抬起眼睑，迎着目光："我只喝自己磨的咖啡。"吉瑞笑了："我家有现成的咖啡豆。"欧宝也笑了："我家有全套的工具。"于是欧宝坐进了吉瑞的凌志。

那个位置还残留着苏纳浓烈的香奈儿的味道，欧宝小小的身体蜷缩在副驾驶座上，让吉瑞的神情有些恍惚，仿佛那就是受伤的小爱，宁愿与保姆一起睡觉也不想与他说话的小爱，将初潮的血沾染在内裤上从未对他提过的小爱。但欧宝不是孩子，是一个年轻得让吉瑞唏嘘的女孩，柔软的胸脯微微起伏着，笑的时候有浅浅的酒窝。

欧宝的内衣是什么颜色呢?是不是如少女系列的一般，灿烂得让人怜惜?吉瑞想到这里，感觉嗓子开始发痒，他走到欧宝面前，压抑着心中的渴望，伸出的手停留在半空中。

欧宝忽然转过身，对着她咯咯地笑，她将吉瑞的手覆上胸前，吉瑞感觉到了剧烈的心跳。欧宝在他的耳边轻轻说："你知道么?内衣的沸点是很低的。"酒精灯上的咖啡壶开始吱吱冒泡，吉瑞的身体骤然开始燃烧了。

果然，沸点很低，手指摸索着，呼吸炙热着，渐渐填补了空虚，覆盖上彼此的身体，得到了前所未有的安定，欧宝在他的身体下卷成一团，像一个小小的花卷，被吉瑞一点点打开，铺在纯白色的床单上，开成了一朵娇美的花。还有什么让自己如此满足?

吉瑞努力在记忆中搜寻着这种久违的味道，有些兴奋有些怅然。原来这种感觉叫作爱情。那不是苏纳能给他的，也不是之前的任何一个女子能给的，这世上果真有一见钟情的曼妙吗?在自己三十六岁这一年，遇见了欧宝这样的纯白色的女子，竟然有些不知所措。

吉瑞的生活不算糟糕，心情却是低潮。与苏纳的婚事提上日程，母亲对苏纳算是满意的，苏纳的职业稳定，便于教育小孩，而且长得也不差，母亲的意思是希望苏纳再生一个男孩，小爱那姑娘，对奶奶也是不理不睬，并不得奶奶的欢心。

对于这点吉瑞是愧疚的，小爱从未见过自己的母亲，二十二岁那一年，吉瑞自己也是孩子，与技校的学生林雪生下小爱，小爱出现在自己面前的时候，吉瑞有些慌乱，直到去做了亲子鉴定。母亲将女儿留下，毕竟是亲生的骨肉，林雪却带着吉家给的六十万赡养费离开了。可爱的小爱，何止六十万？吉瑞开始厌恶林雪，一如地厌恶之后的每个女人。

可是生活到最后依旧需要一个女人，一个完整的家更需要一个女人，就算这个女人只是摆设，都是不可或缺的。苏纳或许就是这样的女人，能将这个家的味道填补满。

她有自己独立的事业，总是很忙碌，却很热心地介绍了同事替小爱补习英文，许多考雅思的学生都在等待那个著名教师的辅导，苏纳却可以让她整个周末替小爱上课。

苏纳看着小爱认真念英文的样子，脑子里闪现的都是她去美国后完美的二人世界。她的资质要找一个得体的男人不难，要找到吉瑞这般多金又帅气的却不容易。吉瑞唯一的不足是多个女儿，不过已经十四岁了，再过几年就恋爱有了男人，与自己没多大的干系。小爱偶尔抬起脸看见苏纳，眼神中总是鄙夷，当然，她对家中出现的所有女人，都用这种愤恨而鄙夷的神情。

婚礼越近，心中越是慌乱，吉瑞路过女儿房间的时候，看到了那些纯棉的内衣，在阳光下滴着水珠，折射着阳光的温暖。他的心里开始有细微的幸福，想起欧宝与他一起挑选时的细语，欧宝说："第一次穿内衣的女孩，不喜欢这般张扬。"

她的指尖挑起纯白色与浅粉色，包装好放进纸袋。吉瑞闻到她头发间的兰花香味，不可抑制地想起了那个让他思念着、愤恨着的女人，小爱越长大，他越觉得有种凛冽压在胸口，小爱长得太像林雪了。

林雪当着他的面拿走六十万，那种将钱揣在怀里的表情，他一辈子都记得。她甚至都没看在襁褓中的小爱一眼，一眼都未曾有，眼神飘过吉瑞的头顶，高傲地离开。

那是这辈子致命的伤，是一种不可言喻的卑微。

吉瑞失眠的第十个夜晚，忍不住起身，他披星戴月地走，去寻找欧宝的小店，他想对欧宝说遇见她之后，他原本干涸的心充盈了，原本泛滥的情收敛了，总之一切都偏离了原来的轨道。他想俗气地说欧宝让他闻到了爱情的味道。他开始思念夜夜可以将爱情覆盖在身体上的安全感，原来男人也需要踏实的安全。

却是消失了，就如欧宝从未出现一般，那里变成了一家甜品店，他失魂落魄地问，有谁知道这里曾经是一家内衣店？没有人回答他，反倒是奇怪地看着他，将他当作色情狂。

欧宝怎么会消失呢？他们的身体重叠，长久地不分开，贪婪地吸收着彼此身体里陌生而又熟悉的味道。

苏纳站在他身后，从背后环抱过吉瑞，轻声说："我们下个月便结婚了，我亲爱的吉瑞。"苏纳开着自己的小 POLO，跟在吉瑞后面，贴着吉瑞的背，泪流满面。在爱情里，越是强势有心计的女子，越需要安全最初的本质，她忽然开始明白，从吉瑞这里得到的，只有那么多，身体的贪欢，物质的丰足，仅此而已。

所以她找到欧宝，用一个未婚妻的骄傲去谈判，欧宝不过还是个小姑娘，很快就败下阵，消失得无影无踪。她的内衣店一直处于亏本状态，苏纳找人以合理的价格盘下了她的店，再以合理的价钱让她离开。这个世界什么都能用钱买，从前如此，现在也一样。

吉瑞再见到欧宝是在小爱十八岁的生日会上，苏纳满面春风，过了这一天，小爱便去美国。苏纳终于可以赤脚在吉瑞 300 多平米的别墅中赤脚穿着性感内衣，在客厅与厨房穿梭，做吉瑞真正的女人。小爱的存在让她如坐针毡，所以这一天她闻到了自由的味道。

吉瑞却看着从门口走进的欧宝，怔在原地。她悄无声息地离开，如当初的林雪一样，又突兀地出现，小爱却是飞快地迎上前，甜甜地叫阿姨。

刹那间明白了，欧宝是林雪的妹妹，那一年，林雪二十岁，欧宝只有四岁，是林雪同父异母的妹妹，林雪拿着六十万回到家乡，用钱救了身患重病母亲的性命。欧宝不懂林雪眼中的悲伤，直到找到吉瑞，真是让人心动的男人啊。于是爱了、抱了、吻了、散了，却没有恨。越是好奇伤得越深。只不过恰好被爱情覆盖住了身体，那一刻的温暖让人恍如隔世。小爱并不是缺爱的女子，她一直知道自己有个母亲叫林雪，林雪十年前死于车祸。小爱只是愤恨着父亲带回家的每个女人。

欧宝与小爱去美国的时候，吉瑞觉得自己忽然被掏空了，想到在家大哭大闹的苏纳，他忽然感觉自己瞬间苍老。

【燕子心语】

情路上需要反思

女人们有两种。一种女人，以纯洁的精神上的爱情为上，认为有了爱情面包也会有的；还有一种女人，交友嫁人前先看对方有没有富足的生活、充裕的金钱，认为只要有了金钱，感情可后天培养。社会是现实的，女人拜金也是基于现实考虑。

现实点来讲，没什么不对。金钱能带给我们更好的物质生活，男人女人都知道。但既然明白自己有点低俗的想法，就不要在被人识破，或者愿望落空，就指责对方不厚道。

男人也有两种，一种年少轻狂，命比天高，自恃能捕获任何女人的芳心，认为只要能用钱解决的问题，都不是问题。

还有一种则是痛定思过，失去之后才懂得珍惜，但懂得珍惜的时候往往已经没有机会。

在这个爱情泛滥到匮乏的年代，物质能够带给女人安全感，富豪征婚和穷小子征婚，反响迥异。婚姻改变命运，各式各样的女人都积极响应富豪的征婚，期待有一天麻雀飞上枝头变凤凰。

男人则小心翼翼地防备着这样的女人，傻傻地一概而论，有时明明清楚自己最需要哪种女人，却因为世俗止步不前，最终失去真爱。

想要真爱，男男女女都要纯粹一点，彻底一点，翻出自己的老底，去爱便是。人生短短几十年，你防我备的人，永远得不到真正的爱情。

Part 03
管好幸福的十二个法则

幸福地爱是一种能力

在很多人眼里，幸福是一种感觉，得到的时候无比幸福，失去的时候无限悲伤，其实，这是许多人对幸福的误解，转瞬即逝的不是幸福，就好比吃药只能缓解疼痛，却不是你自身的免疫力，想把握自己的人生，就要获得幸福的能力。

幸福和情感息息相关。懂得爱，值得爱的人，才会更幸福。

在爱到来的时候，能够坦然地接受爱，珍惜爱，付出爱；在爱里受伤的时候，能够在短暂的痛苦之后，迅速进行自我修护和更新；当爱不再的时候，能够大方地目送爱远去；爱情被闲置的时候，能够平静地等待，积极地迎接另一份缘。

爱从来不是一件简单的事，它伴随我们一生，千回百转；也无法无师自通，可惜又没有一所学校教育我们应该如何去爱，每个人只能从自己的经验中去体会，去了解，去感受。看透爱的人在爱中日臻完善和美丽，迷失在爱里的人日渐枯萎和憔悴。不论你对爱的悟性高低，只要你愿意不断地学习和领会爱的能力，不管什么样的风雨，都不会将你击倒；无论一生遭受什么样的境遇，你一定能坦然面对，像一棵树，坚韧顽强，傲然屹立。

那些等爱来临的人，那些在爱中陶醉的人，那些在爱中绝望的人，请静下心来想一想，你真的具备了爱的能力吗？如果没有，现在努力还来得及！

从相识、相知、相爱到步入婚姻的殿堂，每个女人都希望自己的婚姻生活幸福美满。但现实却是，有的夫妻相守几十年依旧恩爱如初，有的夫妻结婚几年却都是吵着过日子，感情不和，矛盾不断，甚至于最后走向离婚……

确实，不幸的婚姻各有各的不幸，而幸福的婚姻都是相似的。只要我们懂得抉择，善于经营，时常给矛盾修枝剪叶，勤于给平淡施肥料理，婚姻就能在浪漫和谐的土壤里开出幸福之花。

有人说，婚姻是座围城，里面的人想出来，外面的人想进去；有人说，婚姻是坟墓，埋葬了人们美好的爱情；有人说，婚姻是吝啬鬼，忍受不了第三个人进来分享一杯感情的羹；有人说，婚姻是一场二人合演的戏，戏里永远分不清主角和配角。婚姻仿佛成了莎翁的《哈姆雷特》，站在不同角度，就成就了不一样的人生。

幸福地爱不是一件遥不可及的事情，一步一步，幸福就在下一个落脚处。

爱是需要能力的。爱不是一种单向的互动，而是深入他者世界并对他在自己的世界中所做出的选择的理解，是跨过边界的勇气和智慧。肉体上的高潮、热恋时的两情相悦都是自然而然的，与其说是爱倒不如说是“爱自己”。

跌倒时的拥抱、无法理解却给予的安慰，才是身处爱中的人所希望得到的。

幸福法则一：人生要经得起平淡

不管爱得如何轰轰烈烈，我们都要成熟地守住平淡的流年。

一份挽回爱情的《离婚协议书》

心仪最近无端地焦躁着。她总是怀疑她和老公的感情已经越来越淡了，淡得像白开水。记得刚新婚的时候，早晨时必定会在他怀抱中醒来，心仪总是红着脸不敢说一声“早”，怕嘴里的口气弄皱了他的眉；漱口杯与牙刷坚持要和他用同款不同色，摆在一起看才有夫妻的感觉；心仪会帮他打点上班的衣物，什么衬衫配什么领带，经过心仪的审美才准他穿上身。

起了床到餐桌上，为了他的健康，心仪每天变换不同花样的早餐，晴朗的天可能是培根蛋加上烤土司；有些下雨的话，或许来点小米粥搭酱瓜咸蛋；要是阴天，不如就吃些外头的烧饼油条和豆浆，招式用到自己变不出新把戏，可是她乐此不疲。

除了当一个贤惠的妻子，心仪亦毫不掩饰对他的热情，“我爱你”是每天恭送他出门上班一定说的话，然后附加一个亲密的吻，即使他大多时候只是浅浅一笑，也足够心仪高兴个老半天。

但是，五年过去了。心仪已经快忘了被他拥抱迎接朝阳的感觉。盥洗室里的漱口杯，在几年前被打破一只后，再也找不到一模一样的，另一只因为掉到马桶里，所以也换了新的。

五年内，牙刷已换了不知几支，甚至有时他们睡迷糊了，还会用上同一支，什么口气的问题都不需要掩饰了。

是否一样颜色，一样款式，他说这些根本不重要。因此，洗手台上HelloKitty和小叮当图样的两只漱口杯左右对峙，小叮当的杯里插着一支绿色牙刷，是心仪的；HelloKitty则是空的，因为他前一阵子已改用电动牙刷，摆在架子上。分属两个不同故事的漱口杯，以及位于两个不同位置的牙刷，仿佛在嘲讽心仪他们的夫妻关系，渐行渐远。

仔细想想，五年来，他没有说过一次“我爱你”，一次也没有。心仪和他相聚的时间，严格上来说是从晚上七点开始，也就是他下班回来之后。如果他加班的话，那时间可能要延到十点、十一点。

刚结婚的时候，心仪为了他去学烹饪，“要抓住男人的心，先抓住他的胃”，她深信这个铁律。所以，一些餐馆名菜常出现在他们餐桌上，宫保鸡丁、五更肠旺、葱油鸡、东坡肉。见他吃得高兴，心仪也开怀，虽然不全是心仪爱吃的，但是，他爱吃就好。

心仪没有料到的是，五年的时间可以改变这一切。

夫妻之间开始言不答意，他对心仪说的话，大多都是“不用等我”“早点睡”，心仪跟他说的话，也几乎是“你回来了”“菜在电饭锅热着”。

他们没有相同的话题，没有相同的兴趣，除了“夫妻”名义上的联系，他们的交流空泛得可怜，比普通朋友还不如。

婚前，他们曾描绘着未来的愿景，他说要生两个孩子，先男后女，哥哥可以保护妹妹；心仪却认为应该先享受一段两人生活，生孩子的事情倒不急于一时，只是她不想坏了他的兴致，并没有说出口。

婚后一阵子，他很积极地和心仪“创造宇宙继起之生命”，他想要孩子，从他不戴安全套的行为可以看得出来，可是心仪还不想要，又怕他不高兴，于是她背着他吃避孕药。

犹记那时，他还兴冲冲地带心仪到医院探视一名女性朋友，她刚生完一个四千两百克的巨婴，神色萎靡地躺在病床上。心仪忘不了他隔着一块玻璃看新生娃娃时，眼中绽放的神采，可是心仪更忘不了，那位女性朋友用着虚弱的语气告诉心仪，她整整痛了一天一夜，才求医生由自然产改为剖腹产。

心仪更不敢生小孩了。五年后的今天，他似乎已经放弃生小孩这回事，毕竟只有他一头热是没用的。

可是，待在他上班之后空洞的房子里，心仪突然觉得生个孩子也不错，至少屋子里会热闹点，心仪的寂寞也会少一点。

他早在数年前就开始用安全套了，心仪不清楚是什么让他改变心意，不过这也松了心仪一口气，心仪对避孕药似乎过敏，不论换什么牌子最后都落得一个水肿的下场。

心仪猜他六百多度的近视加闪光，应该看不出心仪水肿前和水肿后有什么不一样，重点是，他的安全套解决了心仪一个大麻烦，同时又带来另一个新烦恼。心仪现在想要一个孩子了，他却似乎不想，心仪不知怎么跟他开口。

更别提他频繁地加班，晚上常累得倒头就睡，如果心仪再开这个口，似乎变相增加他的压力。

两个人之间，已经够低潮了，不需要再增加一个会引起冲突的话题。

在他们恋爱的时候，他很喜欢带心仪到海边，坐在堤旁看落日，沿着码头走一遭，可以吃到不同口味的各式小吃。海产品丰富可口，他似乎是只识途老马，总知道哪家是最地道的。

婚后到海边的次数，除了新婚那一阵子，几乎屈指可数，近两三年更是一次都没去过。

每到假日，他不到中午不会起床，心仪见他这么疲倦，当然也不会烦他带她到处走走。

某个早上，心仪特地比他早起，煮了顿暌违已久的丰盛早餐给他。没有第三者，没有争吵。心仪递出了《离婚协议书》。

那是心仪第一次看到他那么震惊的表情，如果那天是愚人节，心仪想她成功了。可是，心仪不会开那般恶劣的玩笑，他知道她是认真的。

他没有像一般男人一样，暴跳如雷，开始数落女方的罪状；也没有哭哭啼啼，跪下哀求心仪留下，他只是极力冷静自己的心绪，默不作声地接下《离婚协议书》，开门，上班，一如往常。

他或许也察觉他们的夫妻关系到了一个瓶颈，也打算仔细考虑离婚的可行性，他近几年的疏离，心仪没有流下一滴眼泪，可是他这天的冷漠，几乎倾尽自己五年的泪水。

心仪不知道自己对他的爱剩多少，更不清楚他对心仪的爱剩多少。嫁给他之前，心仪就知道他沉默寡言；嫁给他之后，自以为能改变他的自己，其实并没有改变他多少。

趁现在，没有孩子，没有牵绊，心仪也不贪图他什么，该是离婚最好的时机吧？

抖着手在《离婚协议书》上签下名的心仪，到之后他出去几个小时了，心仪仍然在发抖。这是一种未知的惶恐，她在等他给自己一个结果。

他冷淡了她五年后，又凌迟了她七天。

从《离婚协议书》交到他手上之后，整整一个星期，他不与她说一句话，也睡了七天的沙发，每天仍然照常上下班，除了更加冷淡，她感觉不到他的喜怒哀乐。

一天早上，心仪听到他在客厅起床的声音，隔着门板听不真切，她却一直等不到他出去上班的关门声。一阵乒乒乓乓的金属撞击，取代了他一向安安静静的作息，心仪终于按捺不住起身察看，却在开门后，闻到了一阵食物的香气。

“起床了？吃点蛋卷。”他笑着，如新婚时心仪吻他之后那般浅笑。

心仪心里狠狠跳了一下，原以为古井不波的情绪，因他久违的体贴而起了丝丝涟漪。心仪不清楚他怎么可以混到九点、十点还不去上班，他接收到心仪的疑惑，也只是淡然一笑，身上简单的服装一点儿上班的气息都没有，可能他，也有工作疲乏吧；也可能……他要宣判了，关于那张《离婚协议书》。

看他神色自若的样子，心仪默默吃着早餐，幻想着等一下他会说的话。他会不会干脆地就离婚了？还是，在心仪面前撕了《离婚协议书》。

“我升上经理了。”他的第一句话，出乎心仪意料，下一句话，却马上进入重点，轰得心仪措手不及，“工作上的事告一段落，现在要好好处理家里的事。”

“工作是排在家庭之前吗？”心仪苦笑。“工作安顿好，我才能给你安定的家。”他像在解释心仪的疑惑，“所以，告诉我为什么你要离婚?”他终于问了，脸色变得肃穆。

“你觉得我冷淡你了吗?”转眼，他的态度忽而又变得自嘲，“我就知道你一个人在家老是胡思乱想……”

心仪和他长谈了一整天，数个小时的谈话，有五分之四的时间她是在哭的，因为她觉得自己犯了一个滔天大错。

可是，有些事，没有那张《离婚协议书》，心仪永远不会知道。

他说，五年来，他确实每天都是抱着她醒来，只是后来他工作忙，起床时间变早，而心仪仍沉睡着，不知道罢了，有时他还会亲亲她的脸，看着她贪懒的睡颜，他不忍心叫醒她。而摆在盥洗室的漱口杯，他根本搞不清楚小叮当是他的抑或 HelloKitty 才是他的，他以为粉红色是女孩子的颜色，所以他一直用着小叮当的漱口杯。

原来，他们一直在无形间，做着亲密的唇齿交流，可怜了 HelloKitty，摆在那儿没人用，成了个装饰品。

早餐，他吃的都是豆浆包子，他承认很想念心仪做的早餐，可是他不好意思央求她每天做给他，他知道她会绞尽脑汁变花样，他舍不得看她太累。

“我娶你，是希望你享福，不是要你来当女佣的。”从他这句话开始，心仪便止不住眼泪。

“你为什么从不说你爱我呢?”心仪噙着泪水问他。

“我以为你知道，否则我们为什么结婚?”他理所当然地回答。

是啊，她知道，她一直都知道，不然她不会嫁给他的，可是，既然知道，她又何必强求他说出来?

女人都是需要一些爱语滋润的，心仪想这就是理由，看着她控诉的眼光，她想他也知道理由了。

“你做的菜，很好吃，可是那些菜费工夫，也不全是你喜欢的，所以我宁可做些简单的菜，最好是你也喜欢吃。”

他一句一句地解释，又让心仪掉了一缸泪水，“你不喜欢吃辣，因此我要你少放辣椒；你不吃内脏，那我也不吃；你怕胖，所以料理时我希望油加少一点；酱油盐分高，吃多肾脏负担大，为了你我健康着想，调味即可，不必加太多。”

心仪发现，只要愿意，两个人什么事都可以谈，连心仪跟他解释TVB肥皂剧的剧情，一路聊到整容话题，他也听得津津有味。

是心仪，是她封闭了自己，以为他不愿意听她说话，不愿意对她说话。他心疼她一个人在家里，聊公司里的事怕闷坏她，又见她一副不想搭理他的样子，他每天只能摸摸一鼻子的灰。

无论他跟心仪说什么，心仪都是爱听的，可是心仪现在才让他知道，夫妻两浪费了几年的时间在这种误解之间打转，他活该，心仪也活该。

“我很少看新闻，都不知道国家最近发生了什么事。”心仪这句话出口得有些抱怨。

“好，我以后每天当你的新闻台。”他温柔地笑了。

聊到生孩子的事，他先是一阵默然。

“我想生一个孩子。”这时候，心仪有勇气说出口了。

“我以为你不想，刚结婚那一阵子，你不是一直吃避孕药？”难得听到他有些怪罪的语气。

进一步了解之后，心仪才发现，他一直知道心仪在吃药，或许是心仪哪次把药随便搁在化妆台上，被他看到了，他彻底了解心仪不想要孩子。

而他也知道，心仪吃完药隔天会有水肿的现象，身子骨纤细的心仪，一双脚肿得跟猪腿一样，也只有心仪这种人的鸵鸟心态才会认为他不会发现。

后来心仪养成习惯将药好好放在抽屉中，他以为心仪不再吃，怕身子水肿难受，所以他戴起保险套，说来说去，还是为了心仪。

“你又水肿了吗？一直哭个不停，是想把身体里的水逼出来？”他居然敢揶揄心仪？免不了得到她一顿老拳！他还是想要孩子的，听完心仪说想生孩子，他眼下兴奋的光芒大大地告诉心仪这一点。只不过，那抹光芒在闪烁之后随即敛去，他又正襟危坐地问了心仪一个问题。

“你真的想生？”

“想啊，我一个人在家好无聊。”

“只是因为无聊？如果一个人在家无聊，你想出去学东西、去工作、和朋友去逛街，我不会阻挠你。”

“你不是也想吗？”心仪生气了，纵然泪眼婆娑没什么说服力。

他开始说起那个巨婴，原来那名女性朋友的经验不仅吓到心仪，也吓到他了。他不希望心仪生孩子还要受极大的痛苦，什么剖腹产、自然产，他一点概念也没有，只知道一定会很痛。

他明白心仪怕痛，所以他舍弃了生孩子的想法。

“我不管，我要生。”明白了他的想法后，心仪更希望替他生一个孩子，身体里流着心仪和他血液的孩子。

“那就生吧！”他悄悄地在心仪耳边说了一句令心仪脸红的话。

说来也好笑，他们一直认为自己是在为对方着想，以自己的方式去体贴对方，这种自以为是却导致了无数个阴错阳差，一直到心仪开始怀疑自己。

心仪凝望着他认真专注的脸，将他的动作姿态深刻在心里，因为心仪差点忘了，她和他之间还横着一个问题。那张《离婚协议书》。

心仪要一辈子记住他的模样，如果他最后仍是签了名。

可是，他应该不会签吧？否则，他何必和心仪讨论生孩子的事……

“那，那张《离婚协议书》……”心仪要收回来。

“在公司里。”他顿顿说，“公司的碎纸机里。”

这个意思是……

“你想离婚，等我成为亡夫时再说吧！”心仪估量不出他说这句话是不是在开玩笑，不过他又骗到她的泪水。

结婚五年，她又发现了一次爱情！

【燕子心语】

因为爱情，怎么会有沧桑

爱情不可能永远是灿烂激动人心的时刻。

当我们在平淡流年中觉得自己已不爱他，他也不爱我了，才惊觉这份爱并不是消逝，而是融入了生活之中，自然得让人忘了它的存在。

爱情的表现，可以是黏腻、亲热、奉献、祝福，甚至是退让，每个人的方式不同，会导致的结果各异。没有沟通，盲目地付出，全然地关怀，都容易造成误解。乍看之下两个人都没错，可是无论什么方式，中间少了一种叫“沟通”的元素，就容易导致裂痕。

我们的婚姻，就是建筑在这种缺乏沟通的空中楼阁之上。“嫁给这个男人五年了，我以为我渐渐地不爱他，但只是一番简单的剖白心意，我对他所有的爱再度复活，甚而转浓。”

女人会因男人长久的冷落而对爱情失望，也可以因男人一句话又对爱情充满希望。“我不想和他离婚，一点儿也不想，当初硬着头皮签下名。”

原来幸福可以是这样的！但是，夫妻间的确需要及时沟通，不能觉得是亲近的关系就忽略了沟通，而不去关心彼此，更不能因为工作繁忙就忽略了沟通，否则，往往会产生更多的误解。

不要担心，岁月打磨了你我的模样，只要有爱，我们还是那个如初见时认定的人。

因为爱情，不会轻易悲伤，

所以一切都是幸福的模样。

因为爱情，简单地生长，

依然随时可以为你疯狂。

因为爱情，怎么会有沧桑，
所以我们还是年轻的模样。
因为爱情，在那个地方，
依然还有人在那里游荡，人来人往。

幸福法则二：婚姻不是结了就安了

婚姻的幸福不是馅饼，没有争取，就不会从天而降。

婆媳暗战，一场情动较量

嫁给杨晨时，吴诗诗二十四岁，因为小两口暂时没能力买房，吴诗诗就先住婆婆家。三室两厅的房子，公公婆婆住一间，一间留给杨晨的姐姐和外甥女甜甜，倒不是女儿也在娘家住，是因为姐夫常出差，一出差她们母女就过来住，婆婆当然喜欢女儿在身边。

杨晨的老爸是个可爱的老头，整天笑眯眯的，家里啥事都不管，只要有报纸看有收音机可以听京剧一切就万事大吉了。姐姐大吴诗诗五岁，比较容易沟通，唯一让吴诗诗头疼的是婆婆，戴一副金丝眼镜的婆婆，言语不多，像个老学究。第一次见婆婆时吴诗诗就很担心，住一起后，更觉得婆媳关系真是好难相处，最重要的是婆婆不信任吴诗诗。

婆婆最相信的当然是自己的女儿，两人在一起有说不完的悄悄话。亲母女嘛，这也没什么奇怪的。有次下班回家，吴诗诗一进门就听见姐姐在婆婆屋里说话，门敞着一条缝，听到吴诗诗的声音，门被轻轻掩上了，分贝立马小下来。吴诗诗进了自己的屋，有种走错门的感觉。

大概为了缓和一下关系，周末那天，姐姐主动请吴诗诗去了一家川菜馆，她们谈着刚买的衣服和如何搭配更出彩，两人交谈甚欢，只是吴诗诗心里那片小小的阴影依然挥之不去。

这事过去不久，有天吴诗诗意外听到婆婆给姐姐打电话，大意是问她那次逛街吃饭谁买的单，还要她对外人多个心眼等等。这话真是又无聊又让人伤心，婆婆只疼自己的女儿，却忘了媳妇也是叫她妈妈的。

吴诗诗忍不住向杨晨诉苦，杨晨和他姐姐感情很好，说从小姐姐就特别疼他，有什么好吃的好玩的统统想着他。所以杨晨哈哈大笑着说：“你再这么敏感小心脸上长痘痘。”又说，“其实我妈妈很喜欢你的，婚前还曾动员我们大家向你学习，随和乐观尊老爱幼！再说了，你是我老婆，不是外人，往后谁说你是外人我就跟谁急。”吴诗诗转忧为喜，不管如何，家里至少还有杨晨。

后来吴诗诗哭了一次，是因为甜甜。三岁的甜甜很调皮，喝小米稀饭时不是端着喝，而是将小脑袋伸到碗里一点点舔，喝到一半时就撒娇说不喝了。婆婆说那就让你舅妈帮你喝了那半碗吧。

吴诗诗一下就愣了，虽然她也很喜欢甜甜，但她也不愿意喝她剩下的东西啊，以前也有过这种事情，都是最后倒掉了。难道婆婆是用这种方式说明吴诗诗在他们杨家的地位？甜甜把碗推过来时，婆婆并不看吴诗诗，但神情严肃。

吴诗诗本想说点什么，但最后还是强忍着喝了。后来等收拾完碗筷一回到自己屋里，泪水哗地就流下来了。吴诗诗不停地哭，婆婆也太欺负人了。

晚上杨晨一回来，吴诗诗就拉他去了对面的操场，就像看过的某部韩剧里的情节一样，同样是因为在婆家，同样是因为有委屈无处诉说，只好找个地方发泄一下。

杨晨见吴诗诗眼睛红红的，就问怎么了，谁欺负你了？吴诗诗就将喝粥的事叙述了一番。杨晨是个爱开玩笑的人，听吴诗诗说完马上自我“检讨”起来，说要是我在场，我就替你喝，哪怕是毒药！吴诗诗用拳头打着他，只是对于“欺负”一说，杨晨则不认同。他说你想得太多了，我妈肯定没别的意思。

吴诗诗不愿再和他争下去，他当然不认同了，因为杨晨在场或有外人时，婆婆从来都是对她客客气气。比如婆婆生日那天，因为吴诗诗不会喝酒，就说了句要是有饮料就好了。婆婆居然马上吩咐杨晨，让他买饮料去。在吴诗诗看来这完全是婆婆的小伎俩而已，有那么多亲朋好友在场，她这样做只不过想让人家夸她是个好婆婆罢了，而杨晨却始终认为自己的妈其实是很疼媳妇的。

积攒的生活琐事多了，吴诗诗和婆婆的积怨越来越深。

有段时间吴诗诗身体不舒服，请了几次假，老板颇有微词，她就干脆辞了职。反正当时她也想找一份更好的工作，原本她并没有当一回事，只是不知道怎么向婆婆交待。

以她的老思想不管公司有无前途都不可主动辞职，所以吴诗诗一直瞒着没说。每天出门假装是上班，其实是去人才市场。

碰巧有天吴诗诗手机关机，婆婆便往公司打电话找吴诗诗，才得知吴诗诗辞职了。她只好招了，说那儿不适合自己。婆婆很生气，说："现在工作那么难找，你却说辞职就辞职，我们家可不养闲人。"这话伤了吴诗诗的心，吴诗诗第一次用坚定的目光与婆婆对视，说："您放心，我不会吃闲饭的。"

和杨晨说这件事，他说不用急着找工作，在家休息一段日子养精蓄锐也挺好。吴诗诗说："我也想这样，可你妈不容我啊。"杨晨说："我妈其实不是你想的那样，你别往心里去。"

既然事情捅开了，吴诗诗也不怕了。从那以后吴诗诗一边在网上找工作，一边写点东西投投稿。婆婆很不痛快，在她看来吴诗诗这辈子算是完了，不可能有出头之日了。吴诗诗不管这些，继续忙自己的事。一般是吴诗诗在自己房间里写作，婆婆在自己屋里看电视，互不干涉。

八月的一天，吴诗诗在网上正忙着发求职简历，不知为什么，忽然想去婆婆屋里看一下。这一看不要紧，只见婆婆趴在沙发上，手捂着胸口，很痛苦的样子。吴诗诗吓坏了，早就知道她心脏不好，于是赶紧打 120。

婆婆终于被救过来，医生说如果再晚一会儿可能就没命了。对于吴诗诗的"为什么会突然想去婆婆屋里看一下"那个问题，医生说也许是母女之间都有心灵感应吧。听了这话，闭目养神的婆婆睁开眼睛看了看吴诗诗，转眼又闭目养神了，那模样好可爱。

事情过去之后，婆婆常摆出一副想和吴诗诗谈心的样子，但都因种种原因始终没能如愿。有天吴诗诗正在电脑上写东西，婆婆端着一盘西瓜走了进来，说天好热呀，吃点西瓜解解暑吧。

吴诗诗又意外又感动。婆婆转身出去的时候，忽然说了一句“谢谢你救了我这条老命”。吴诗诗回头看她，她的脸居然红了，吴诗诗赶紧缩回脑袋，虽然拼命忍着到底还是笑出声来，婆婆居然也会脸红。

难以出口的话一旦说出来，就觉得其实有好多话要讲。婆婆开始有事没事往吴诗诗房间里跑，一会儿水果一会儿蛋糕。有次吴诗诗去客厅接朋友的电话，回来时发现婆婆竟然正在看吴诗诗写的东西。

几天后趁全家人都在，婆婆像是忍了好久终于忍不住了——她公开了对吴诗诗的感谢。她对杨晨和姐姐说：“要不是诗诗在家，那次我可就没命了。你们是我的孩子，可那时候你们在哪里呢?”姐姐当场拥抱了诗诗，杨晨继续开他的玩笑，说：“要不然我们也都辞职在家吧。”

吴诗诗却不能在家待下去了，吴诗诗发的求职简历被一家大公司认可了，薪水比以前那家还高。倒是婆婆对吴诗诗依依不舍，说习惯了有人在家里和她做伴。

半年后，吴诗诗怀孕了，全家人高兴得不得了，热烈期待着那个新生命的到来。吴诗诗和婆婆更是因为对这个新生命的期待而融洽了很多。然而在吴诗诗怀孕第五个月的时候，突然查出来是前置胎盘，医生说最好住院保胎。

婆婆首先发言，说她要照顾吴诗诗。在医院的那些日子里，因为天天躺在床上，吴诗诗越来越烦躁，觉得都快坚持不住了。婆婆就给吴诗诗讲当年生杨晨时的情景，告诉她不要紧张。她说：“我们一定能熬到瓜熟蒂落的那一天!”

那一刻，吴诗诗觉得婆婆特别像自己亲妈。在第八个月的时候，有天晚上羊水破了，医生说赶紧剖腹产，否则会有生命危险。当时杨晨在外地出差，吴诗诗一听吓得脸都白了。婆婆拉着吴诗诗的手，安慰说：

"不怕，有妈在。"

儿子终于来到人间，全家人都开心不已。吴诗诗不知道是不是苦难让她们懂得了珍惜和真情，反正之后吴诗诗和婆婆真的就亲如母女了。

对于婆媳相处这个老话题，听到过不少声音，也有技术含量很高的良策，但吴诗诗想最终带她们穿越沼泽的还是最朴实的那个"爱"字，只有彼此懂得付出才能得到家庭最丰厚的回报。

【燕子心语】

千金难买一个好婆婆

没有结过婚的女人不会了解婆婆在婚姻生活中的重要性。

她们总是想，只要老公对我是"好"的，我的未来婚姻就一定会幸福。她们基本没有把未来的婆婆算计在内。

那就大错特错了。

结婚的女人，会明白：有个好婆婆比有个好老公更重要。

老公再好，他不会帮你做很多的家务活，也不会帮你带孩子。在婚姻生活中，有时婆婆比老公更实用。

要是碰上一个恶婆婆的话，那么这段婚姻生活就像被巫婆下了诅咒，她不仅不帮助你，还要离间你和老公的关系。

你不要认为把她视若无物，就万事大吉了。那是最愚蠢的。

记住，嫁给一个男人之前，一定要先了解男人母亲，也就是未来婆婆的秉性。

嫁给一个男人之后，一定要和婆婆搞好关系融洽相处，婚姻才会幸福久远。

婆婆开朗，易于相处，你的婚姻生活必定能够比较轻松愉快。

婆婆市井，斤斤计较，你未来的婚姻生活将充满着磕磕碰碰。

你把婆婆视为敌人，你的婚姻硝烟弥漫，只有战争。

你把婆婆视为亲人，你会得到她众多的帮助，这些好处，是没有婆婆的女人不能体会的。

“好婆婆”会认为，媳妇是她对儿子爱的接替者，她会放心地把接力棒传递给你。

“坏婆婆”会认为，媳妇是一个强大的情敌，是过来抢走儿子爱与关心的红太狼。

你要理解婆婆，当你的孩子长大成人后，再交付与另一个女人，心中总有不舍和失落。

你要这么想，如果没有你的婆婆，就没有你的老公。感谢你的婆婆，生养了一个爱你的老公。你重视她理解她，她必定也会回赠你爱与包容。

婆婆不是媳妇的障碍，媳妇也不是婆婆的情敌。

婆婆好不好，有时候还得看媳妇好不好。

幸福法则三：困境中的相守

困境中最容易相互猜疑，也最容易产生分歧，能在困境中相守，才能守住幸福感。

为自己的心找一个家

那年，鲜红的结婚证上，他俩的脑袋虽然勉强贴在了一起，两个人的肩膀却各自生硬地朝着外侧别着。他和她，心里都像镜子一样明了，他们的婚姻和爱情没有多大关系，最多只能说，他们彼此不反感。

他们是为了房子而结婚的。

当时，单位福利分房，按照规定，已到婚龄的他，必须要持结婚证才能分到一套四十平方米的房子。他是家里的长子，要是分到房子，弟弟将来结婚用房的压力就会小些。而她的哥哥直等着结婚，她却腾不出家里的房子来。

媒人把两边的情况一介绍，两人都问了同样句话：身体没什么残疾，也没不良习惯吧？等见了面，看对方胳膊腿儿的都很齐全，模样也看得过去，聊了一会儿，她觉得他还算本分，他觉得她心眼不差。然后，他们分头给媒人回话说了一个字："行。"

结婚那天，两人都觉得很幸福，那是因为终于有了属于自己的房子。他觉得自己快三十岁了，总算有个安身的窝了；而她高兴的是，再也不用看哥哥的脸色，让父母跟着为难了，她嫁了个有房子的男人，虽然房子只有四十平方米，但她感觉简直就是自己的宫殿。

日子流水一样很快过去，他们有了女儿。当女儿在那个家里一天天长大的时候，她和他才同时感到，四十平方米的房子实在是太小了。但是，想要通过福利分房换到更大的房子，已经不可能。他的工厂早已改制，他买断工龄后在一家购物中心当电工，她是一家药店的营业员。

女儿大起来，他开始睡客厅沙发，她和女儿睡在卧室。但是后来女儿说，她需要间独立的卧室，不然她都没法带同学到家里来。女儿的话让他们心酸。

那天，她忽然对他说，她从药店辞职了。他很生气，说这样的事为什么不商量一下。她说，以前有什么事不也都没商量过嘛。他这才意识到，结婚十六年他很少过问妻子的事，而他自己的事，也很少跟妻子说。做了这么多年夫妻，他们的肩膀似乎还是朝不同的方向别着。

她说，她应聘到保险公司当业务员了。本来人家嫌她年纪大不要她，但是她磨了好长时间才打动对方。

三年后，她拿出六万块钱交给他说："新房子的首付交了就可以入住，我都打听好了，想和你一起去看看。"

七十五平方米，两个卧室。"大的那间给女儿。"看房的时候，他俩同时说。

接下来的日子，她整个人又有了当年看着窗帘摇曳的欢喜。他们有了大房子，女儿有自己的卧室了。他工作忙，她就一个人跑装修市场买材料，一会儿是地板，一会儿是顶灯，一会儿是油漆，一会儿是马桶。整整两个月，她忙得昏天黑地，整个人瘦了一大圈儿。

新房子总算装修好了，她却病倒了。她一个人去医院，以前去看头疼脑热的病，她从来没让他陪过。这次，当医生要求和她的家属谈话时，她仍旧固执地说，丈夫出差了，她能对自己的病情负责。

星期六，女儿要求去看新房，她带女儿去了。女儿兴奋地在新房里转圈、跳舞，搂着她的脖子说："妈妈，明天就搬家吧。"

从新房出来，她带女儿去了麦当劳，然后又去了游乐场。女儿显然对这些都没兴趣，不停地说："妈妈，我们赶快搬家啊。"

回到家，墙也斑驳了，窗帘也退了色，水泥地有数不清的小凹坑，这套她曾经想搬离的老旧的房子，却让她有了不舍。她对女儿说，急什么，反正已经装修好了，这套老房子是我和你爸爸当年的婚房，也是你出生的地方，这么快就搬走，有点舍不得，再住段时间。

他大声呵斥："都装修好了，为什么不搬？不是为女儿高兴吗，要是旧的好，那干啥买新的啊。"她不出声。他说不上多关心她，但却很少对她发这么大的火。

那天觉得精神好的时候，她把女儿找来，抱住女儿坐在老旧的沙发上，哭了起来。她和女儿谈了很久，十五岁的女儿泣不成声，不停地说："妈妈，我陪你一直住在旧房子里。"

她还是没能住太久。医生原本告诉她还有三个月的时间，但刚刚过了两个月，她就要走了。那天，一家人在客厅的茶几上吃完了晚饭——这么多年，他们在阳台上做饭，没有餐厅，就一直在茶几上吃饭。放下筷子，她靠在沙发上，掏出新房的钥匙交给他，又把女儿的手放在他的手心里，然后，她的身体渐渐从沙发上滑落下去。

女儿扑在她身上，号啕大哭。是女儿告诉他的，她已是脑瘤晚期，因为觉得没救了，她也不想去医院了。她不搬家，是因为如果她死在了新房里，那就没有人愿意住那个房子了。但是，她那么地希望以后能有个女人住进去，照顾他。所以，她要留下全新的、吉利的房子，给他和她的未来。

他一直都觉得，妻子是为了房子嫁给他的，而妻子死去的那一刻他才知道，十六年的共同生活，妻子对他的爱，已经充满了房子的每一个角落。

【燕子心语】

寻找心灵的暖房

“房事”，牵动了无数适婚男女。似乎房子快成了幸福的代言人。

随之而来的，是无尽的猜测。

你爱我，还是爱我的房子?

你到底爱不爱我，为什么不买房子就想娶我?

爱我就给我一套房子吧。

随着这些猜测而来的，是无尽的争吵与苦恼。

最后，两个人都累了，不是一拍而散，就是磨掉了激情和感觉。

然后，幸福真的就是那个硬邦邦空荡荡的房子吗?

没有了家的温暖，爱人的拥抱，我们要那个房子做什么?

在一个狭小的空间里，四目相望的时候，我们为什么不能放下心底的芥蒂和可笑的尊严，去敞开心扉，给爱人一个吻，一句甜蜜。

“地球上有30亿人每晚饿着肚子睡觉，但有40亿人每晚睡觉前渴望得到一句肯定和鼓励的话，却无所得。”美国职业演说家罗伯特说。

你爱你的女朋友、你的妻子吗?

如果爱，请你用一个简单的拥抱、一个睡姿、一两句话来表白你的爱情。不要等到失去时，才明白她对你的爱，才后悔当初没有认真地珍惜你身边的亲人。

爱情需要表白，表白能够助燃爱情。

请给你爱的人一个拥抱。

世界上最好的房子，是有你温暖的地方；世界上最好的房子，是有你等待的地方。

爱她请给她一个心灵的暖房子吧。

幸福法则四：信者得爱

假如连你自己都不肯相信爱情，又怎有资格享受它带来的甜蜜。

将爱情进行到底

她在别人眼里自身条件不错，长得不算出众，却有一种恬淡的美，两年前结束了在外人眼里看来无疾而终的一段婚姻，对方是一个年轻的大学老师，两人是高中同学，算起来他们有六年的感情。

他毕业后就考入了那所大学，成为一名正式编制的老师，而她则在外地做了一段时间的记者，起早摸黑一年之后身心疲惫地回到小城，稀里糊涂地进了一家房地产策划公司，惨淡的是那时正是楼市的谷底，房产策划的日子十分难熬，一个月拿着一千多的薪水，没有保险亦没有医疗。

毕业那一年，他们就结了婚，没有房子，亦没有隆重的婚礼，但是她觉得，只要有爱情，一切都好。

她的心里也曾沮丧过，但始终没有觉得这是多大的问题，一个女孩，只要在努力地工作着，总会有出头之日。她穿着公司的制服去那所大学，在林荫小道上想要牵他的手，他慢慢地甩开，讪讪地说："被学生看到了不好。"

于是，一前一后，装成陌生人般去教师宿舍，去宿舍的路上，难免会遇见熟人，旁人问起，他迅速地抢答说："我同学，过来找我有点事。”并非觉得有什么不妥，直到有一天他抱了厚厚的一叠书说：“你去考个教师资格证吧，换一份稳定的工作。”

她看着他，沉默了很久，抬起眼睑说：“好啊。”把书抱在胸口，沉甸甸的，有一点闷，但她觉得，为了爱情，终究是要好好努力的。一千多的薪水，在这个城市，的确什么都算不上。

其实他知道她在写书，下班后从七点到九点，是她的写作时间，看书的时间，只能放到九点到十一点那两个小时，只是，写作的时候，她常常会忘记时间，惊觉的时候通常已经过了十一点，强打着精神去看书，做梦的时候，都是稀奇古怪的心理学符号。

第一次考试，只过了一门心理学，这段时间，她又换了份工作，在一家机关单位，不过只是一个合同工，他也决定把她带回家，见到他父母的时候，他的父亲嘀咕了一声：“只是一个合同工啊。”

那一刻，她的心沉到了谷底，空气压抑得她喘不过气来。她看看他，泪水快要涌上眼眶。

她提出离婚的时候，他没有挽留，淡淡地说了句“好”。似乎早就在等这一句话，可能是不想落个抛弃糟糠之妻的恶名吧。她一个人躲在房间，独自哭了一夜。

2009 年，房地产触底后突然反弹，原先一起工作的同事在 2009 年年底最多的拿到了十万的提成，她依旧做着一份不紧不慢的工作，在他的眼里，依旧不求上进，没有一份好工作。只是，他究竟是怎样想的，她已经不再在乎。

虽然离了婚，她也才二十六岁，她长得并不难看，仍然有许多人张罗着给她介绍男朋友，介绍的时候总在前面加上一些头衔，“这个是医生，年轻有为；那个买了房子，不过还在按揭；他只比你大七岁，七岁是最好的差距”。

她摇头，再有人介绍的时候，她抿嘴不笑，这样的姑娘通常会被说作是要求太高。二婚还要求那么高，精神有问题，这是大多数人的想法。

2010年的时候，他开始联系她，用万分真诚的语气问："我知道你一直没有恋爱，我们复婚好吗?"

她一字一句地说："我配不上你，算了。"已经留了很多颜面给他，他竟然说："80后吵吵闹闹，结婚离婚不是很正常吗？我们才分开多久？你真是绝情。"

那一刻，心依旧是刺痛的，他并不明白，一个女人从爱上一个男人到离开，割舍的是自己灵魂和记忆的一部分，她在他面前没有哭，一个人回家的时候，走在路灯下，还是忍不住哭了。

他或许已经知道了，从他们共同朋友的嘴中得知，这一年，她努力考试，考上了一个专业对口的事业单位，福利待遇比他那所大学还要好，写的书签掉了五本，在未来的三年内会慢慢出版。

她只是一个来自农村的普通姑娘，肩负着父母养老的重担，曾经他说过："你父母没有保险，你也没有，我害怕自己承担不起。"她从未想过让其他男人去承担，在她的爱情世界里，没有那些乱七八糟的物质与悲伤，在许多人的眼里，这叫作幼稚。

可是，幼稚的她用了三年的时间，终于有能力承担这一切。

这是许多80后共同面对的困境，这是城市的孩子无法理解的痛楚。农村的传统家庭养老模式压在80后肩膀上沉重的负担。

他说："我买了房子了，还不和我在一起吗?"她知道那是这个城市最贵的小区，他贷了二十五年的款，如果他们一直走到现在，一起还贷，对两个人来说，并不是一件难事。她只是笑，笑着摇头。

他始终不觉得那是一份痛，因为当年，是她提的离婚，是她先放手的，他始终不觉得，那是她为了保存最后的尊严。在一个曾经爱过的男人面前，保存一点尊严。

于是有更多的人给她介绍男朋友，母亲的焦虑让她不得不面对年龄的事实，尝试着去过几次相亲场合，她像一个待售的商品那般，被贴上许多层商品合格标签，她微笑着，看着形形色色走过身边的人群。有些失聪，她看着对面的人嘴唇一张一和，时而露出雪白的牙齿，说了句：

"抱歉。"

失礼地跑下楼，走在大街上，她觉得自己活过来了，快跑几步到滨江公园的时候，甩掉高跟鞋，赤着脚在石子路上走，没有悲伤，没有失落，只觉得双脚踏到坚实的土地上，便是踏实的。

那个下午，有一个男人经过滨江大道，看见这个赤脚走路的姑娘，他用二分之一秒的时间做了一个决定，要认识这个姑娘。他的车子里放着朋友丢下的一本书《搭讪圣经》，那是一本教男人怎么认识姑娘的书，他好奇地翻开看了几页，边看边笑，觉得自己的行为有些不可思议，他竟然就真的按照书中的"招数"和女孩"搭讪"。

果真是一个不太设防的姑娘，他们就那样坐在江边，愉快地聊了将近三个小时。他送她回家，眼眸中尽是眷恋。

2010 年四月到六月，他们一直保持这样亲密朋友的关系，电话或者是见面，偶尔一起吃饭，愉快地分享工作与生活。他们在一天天的默契中静静地靠近，那是一种心灵的惺惺相惜。

七月中旬的某一天，他给她发了一条短信，说某个家具商场在做十八周年店庆促销，他在现场看了一会，想带她去看看。他的意思再明白不过，她迟疑了一会是该拒绝还是答应，想了很久，她终于发了一条短信过去说："我们最开始的时候，我就告诉过你我离过婚，假如你真的不介意的话。我愿意。"

十几分钟后，手机报上传来了那个商场外墙倒塌，三十余辆轿车被埋的新闻。她打他的电话，已经关机，她趔趄地跑到大街上，发疯一样地拦出租车去现场。

现场一片狼藉，保时捷、奔驰、拖拉机被压在墙体下，成了一堆废铁，她捂住嘴，已经不能呼吸，看着现场的消防员用生命探测仪一次次地扫过废墟，整整两个多小时，她的血液冲上头顶，从未有过的害怕失去的痛楚。

直到现场的指挥员对着电视台的镜头说确认无人伤亡，她瘫在警戒线外，看着拿着理赔单的他，一步步走向自己，她笑了，笑得满脸泪水。

那是2010年7月18日，可以永恒铭刻的日子，原来，心中真正装下一个人，有这样牵肠挂肚的感觉。

许多人说她眼光高，运气好，离了婚也能挑到一个条件好的。只有她自己心中清楚，在爱情远离的时候，在痛不欲生的时候，她依旧相信着爱情，让人绝望的只是那个将爱情践踏的人，不是爱情本身。

这是傻姑娘的福气，她终于等到一个可以孩子气又有担当的男人，她不知道这场恋爱会不会永远不分手，但她知道，在这场恋爱中，他们可以一起成长，一起做幼稚的事。

有人或许会说很多80后没有爱情，很多80后嫁给了房子、工作和生活，那只是因为不明白他们心中的那份坚守。

【燕子心语】

离婚要趁早

总会有那么一部分人，碍于这样那样的原因，拖延着离婚的时间，但拖延绝对不是好的办法，彻底放开才能令人真正懂得珍惜。也只有真正离婚过的人才懂得婚姻的真谛。而现实是，往往他懂得的时候，已经悔之晚矣。

许巍的歌里曾经唱过，“在这路的尽头，会不会是另一个世界。”婚姻路上，明知是一个糊涂的错误，已经没有继续的必要，不如及早放手。

离婚要趁早，越早的时候，你越有更多的时间去冷静地思考，不管是回头还是远离，越早越好。

这个世上，你不会遇到有几个真正疼惜你爱护你的人。

而你不可否认的是，人的青春韶华很短，每个人没有几次真正投入去爱的机会。

放弃他，等于给自己机会。关上一扇窗，人生才会为你打开另一扇门。

爱情就像一盒盘中餐，当你徘徊观望的时候，看着闻着色香味俱佳；当你落座就餐时，品尝了几口，却发现它不是自己原来想要的那一盒。放手，是放爱一条生路。

婚姻，应该是一种责任、一种享受、一种博爱！

不是一种束缚、一种捆绑、一种煎熬！

该放手时，一定要舍得放手！

放手了，才能重新拥有！

幸福法则五：属于自己的才是真爱

有些爱情太镜花水月，它经不起俗世的考验。

爱情需要百转千回

钱小菜年轻的时候，曾经干过“饼叔”的勾当，所谓的“饼叔”就是趁给超市送货的时候，做些假账以及偷鸡摸狗的事儿，第一天的“饼叔”生涯就遇见了高手，他的手被杜双双反扣住，杜双双扯着嗓子喊：“大强，大强，这里有个骗子。”

那一天阳光特别强烈，晒得蛋糕上的奶油软趴趴的，花花绿绿地粘在一起，钱小菜顾不得蛋糕盒子了，使劲地推开杜双双，穿着草莓色围裙的杜双双倒在蛋糕盒上，钱小菜跑进门口的面包车，油门踩到底，把追到大街上的杜双双远远地甩到后面。

车子开到外环线的时候，他看着衣服上的奶油，轻松地哼起了小曲，看着前视镜中的自己，他的心里“咯噔”一下，事情败露了，之前去那家小超市送货的钱肯定是要不回来了，赔了夫人又折兵，老板会打死他的。果然，老板又是拍桌子骂娘的，钱小菜再次失业了。

他拿着一千块工钱，坐着中巴车离开面包厂。怎么会这么倒霉呢？一起的几个哥们都靠做“饼叔”盖起了房子，娶上了老婆，怎么偏偏就自己这么笨。

多么简单的事情啊，一辆面包车，找到面包厂与小超市、面包房、小卖部，把面包厂的蛋糕、点心送到这些地方，送货的记录在小本子上，一般是一个月结一次账，前几次偷偷去看老板记账的本子，后来就找个机会把事先做好的账本换掉，送了一百个面包，可以写成两百个，这么轻松就赚钱了。

一起的几个哥们自己弄了辆面包车单干“饼叔”，一个月能赚几万块，很快又买了车子。

他一边走一边想，都是杜双双惹的祸。杜双双是“邻家超市”的小售货员，单眼皮的眼睛小小的，喜欢扎两个辫子，他早就注意到她了，她的眼睛虽小，却特别精神，态度还贼好，一有客人进超市，她就使劲笑，露出洁白的牙齿，还有两个小酒窝。钱小菜跟着师傅去“邻家超市”“实习”的时候，她也这样对他笑过。

结果，正当钱小菜愤愤不平的时候，邪门的事情发生了，杜双双正站在商场的橱窗前，对着一楼橱窗里的一件抹胸婚纱痴痴地看。

钱小菜正从麦当劳走出来，捏扁了手中的可乐纸杯，快速地走上前准备捉弄她。杜双双的鼻翼尖尖的，在余热不曾散去的傍晚，冒着细密的汗珠，天空布满了红色的晚霞，在离她只有两米的地方，钱小菜停住脚步了。他一转身，杜双双没有发现他，他的脸红了，单眼皮的杜双双真美。

他在五秒之内决定了一件事情，跟踪杜双双。

原来跟踪一个人，真的可以发现这么多秘密。

他与杜双双的距离有时候只有几十厘米，隔着小饭馆的隔板，被过桥米线的热气糊得满脸水珠，散发着鸡汤与葱花的浓郁香味，有时是二十几米，在商场的一楼看着她在电梯的三楼，她去商场的时候，他一般就在出口处的麦当劳或肯德基，她逛太久总得出商场的吧。

跟着她绕过大半个城市，城市丛林渐渐消失，走进小巷子，铺着青石砖块的路面，路边有一两口老水井，挂着诡异的绳子，有些墙上纠着爬山虎，吐出丝丝的凉气。

他看那些静止的枣红色门牌号，“裱背巷17号”、“裱背巷25号，五好家庭”，多奇怪的名字，不过老家还有个叫“寡妇桥村”的，地名原本就是奇怪的玩意，他很快就把“这里为什么叫裱背巷”这个问题抛到了脑后，认真地沿着杜双双的足迹走，杜双双的脚步很轻，她穿老北京布鞋店里十五块一双的黑色布鞋，像燕子一样愉快地回家。

钱小菜上瘾了，每一次跟着杜双双回家，就感觉自己回了一次家，有时候，看见棚屋低矮的窗户透出橘黄色的光，他的眼泪会包在眼睛中。好像，推门进去，就是自己的家。

但是，跟踪杜双双的第二个星期。他发现她的身边，多了一个男人。那个男人开着黑色的斯巴鲁，一直把杜双双送到巷子口，后来他们互相搂着腰肢绕进了巷子，最后他低着头走进了钱小菜想了很多次也不敢推开的门。

他斜着身体把耳朵贴在粗糙的墙壁上，像个犯错的孩子那样，感觉到从脚底到发丝都在颤抖着。

里边没有动静，他舒了口气，又开始担心，里面忽然传来簌簌的响声，接着是音乐声，是钢琴曲，很好听，空灵地打在心上，但是钱小菜的心忽然乱了、痛了。

他听见杜双双愉快的声音，那种声音从身体的深处散发出来，深深浅浅的。他一只手扶着墙，打落了窗台上的一罐仙人掌，他飞也似的奔出巷子。蹬在路边大口喘息，看着四下没人，他抡起脚边的一块石头，砸了那个男人的车子，报警鸣笛在他身后机械地响着，他踩着那些声音一直跑啊跑，眼泪甩在了身后的空气中，很快就风干。

终于明白了，他原来，爱着杜双双。

手里的钱快花光的时候，钱小菜又做起了快乐的“送饼工”，他的身边有了姑娘。有时候是小茉，小茉是街角梧桐树下“阿妹发廊”里手艺最差的那个，从来只有被客人骂的份，但钱小菜对发型的要求不高，只要用电动推推成平头就行了。

小茉每次都用感激又欣喜的眼神等待钱小菜的光临，她会用海绵扑仔细地一点点抚掉钱小菜脖子里的碎头发，还低下头吹气。钱小菜闻到了小茉发丝间淡淡的香水味，还有，她嘴唇中送出的热气，让钱小菜的身体起了变化。

那一天晚上，他把小茉带回了家，在灯光下一件件脱小茉的衣服，小茉特别配合，眼神还是像往常一样充满了感激，有了钱小菜这个熟客的光临，她才不至于被老板娘炒鱿鱼。

钱小菜咽着口水，不知道自己在回避什么，最后，小茉的内衣扣子绞在蕾丝小吊带上，怎么也解不开，白炽灯在两个人的头顶晃着，荡漾着光晕，两个人笨拙的影子印在墙上，他的耳朵里忽然出现了杜双双那一天神秘的声音，手又开始颤抖了。小茉低着嗓子问："第一次?"钱小菜点点头，小茉流了眼泪，拉过他的手按在胸口。

世界昏眩了。

不知道为什么，满脑子都是杜双双，杜双双一定不知道，钱小菜对她不是一见钟情这么简单。他已经认识了她十年。

十年，人生能有多少十年可以错过，可惜，再次遇见的时候，钱小菜依旧没有勇气。

"你是个混蛋。"他这样在心底骂着自己，却抚摩着小茉的头发，她靠着他的胸膛，睡得好香。

小茉也有两个酒窝，很浅，笑的时候却有杜双双的影子。他拿走小茉的手，赤裸着上身站在窗户前。

月色真好，月光透亮透亮的，就像他第一次遇见杜双双的那晚。夜幕下的建筑成了剪影像积木一样不规则地搭在一起，再往远处，就是裱背巷，他终于知道那里为什么叫裱背巷了。

那里住着很多画家，这个年代大多数的画家既喜欢情调又很穷，他们有的有骨气，有的干脆靠卖画为生，什么都画，有画家的地方自然有裱画行，裱背巷的名字就这样来了。挺傻的，他在夜色里笑了。但心底却升腾起一道裂缝，好像胸口被扯开了一道口子，开始疼，窒息地疼。

他想得到杜双双，得到小茉后，忽然唤起了他作为一个男人身体里最原始的欲望，爱一个女人，得到她。

小茉成了他的跟屁虫，女人总是这样，钱小菜开始烦了，于是他的身边又有了小颖，好像除了杜双双，他都不怎么愿意记这些女人的名字。

有个称呼就可以了，不必像叫“杜双双”那样正式。有了小颖之后，小茉扯着嗓子跟他闹了几回，还拿理发店的剪刀威胁过，不过是把剪刀搁在自己的胸口。

那一天，小颖吐着瓜子看热闹，她说：“你刺，刺得深一点，心口一热人就没了，可千万别刺浅了，会疼得你叫娘的。”结果小茉怕了，哭哭啼啼地骂着没良心的。

钱小菜忽然有一种预感，好像杜双双就站在人群中，他拨开看热闹的人群，真的在红绿灯前的敞篷宝马里看见了杜双双，一年，才一年，就从斯巴鲁换到了宝马。

他眯起眼睛看她身边的男人，眼前模糊了。有一家店开业放鞭炮，飞腾起的烟雾和炮花迷了眼睛，闪了绿灯，拉风的跑车混进了一堆车中，左右穿梭了几下，很快就没了影子。他抹抹脸上的炮灰，回头看见许多脸。

小茉被送进了120救护车，带往医院做检查，小颖嘴中的瓜子吐成一个漂亮的弧度说：“散了散了，没死人，有什么好看的。”有人打了电话投诉乱放鞭炮，于是警笛声又从远处呼啸着而来。他快步走过去，一把抱着小颖，抱得她不好意思起来，嘴里骂着“死鬼”，却把身体贴得很近很近。

钱小菜对杜双双很熟悉。

那一年，他们在这个城市的贫民窟遇见，钱小菜拣各种各样的瓶子堆在一起，垒得高高的，全部卖了只能换几块钱，杜双双背着画架画画。

这个城市，画画从来不是穷人孩子可以做的事情，钱小菜看不懂那些画，但是看见杜双双的酒窝和画鲜艳的色彩，就觉得快乐。他在垃圾堆里翻找着画笔和被丢弃的画布时，心中满是快乐，他们钩过手指有过十年的约定。

所以他再次回到了裱背巷，他依旧没有学历，除了打工还能做什么。杜双双不一样，也打工，但做的是兼职，一直没间断过画画。

那一天，他伏在墙壁上听见男人对杜双双说："你还是个处女吧，跟着我，我替你办画展。"

果然在美术馆看到了杜双双的画展，小颖挽着他的胳膊，看得要睡着。钱小菜仔细地看，每一幅画面前都要站很久，他咬着嘴唇，那一天斯巴鲁男人与杜双双在房间里，一墙之隔，他想阻止，但是他想不到理由。他那么爱杜双双，但能给她什么呢？他逃离了。

抛弃小茉并不是嫌她烦，钱小菜发现小茉不止一次与男人偷偷来往。他知道小茉不会自杀，他对小茉几乎百依百顺的，她才舍不得失去他。

钱小菜看着胳膊弯里的小颖，忽然感觉手臂有了力量。他是这样平凡的一个男人，他的生命中或许还会出现小玲、小清，但只有一个杜双双，他把杜双双埋进了心底最深最深的地方。

然后，下一秒做了一个决定，今后，生命中只有小颖，这样市井充满烟火味的女子或许才是他的生命归宿，他不知道失去了什么，小指却好像松动了，承诺没有了，人生从此就去了另一个方向。那条小巷，真的成了生命中最旧的时光，散发的都是潮湿的气息了。

【燕子心语】

烟火气的爱情才最动人

每份感情都不是一帆风顺就能到达彼岸的。

有一天，你、我，站在时光的镜子面前，各自都面目全非。

你会发现，某个人，没有你想像中那么好；某个人，没有你想像中那么坏。

你会发现，有些人，你本来打算想念他一辈子的；有些人，你本来以为此生都不会再见的；有些人，你以为不会跟他走到最后的；有些人，你以为他从来不会变得这样好的。

但是后来你见到他居然可以谈笑风生，转身却泪流满面。你以为你经历过人事变迁，不会再流泪的。

你牵手的那个人，是你永远也不曾想过的那一个。修成正果，比闪电结婚要来得浪漫。

为什么，因为瞬间你原谅了所有事情，觉得所有的努力都是值得的。无关感情，你只是觉得，这年头你也好，他也好，要活下来，还要追求幸福，有多么难。

我爱你是那么容易，在一起，却那么难。

经营爱情如掘井，需要足够时间去探索，去挖掘，去守候，去等待，去流泪，去坚持，去相信。有些事情终如美玉，需要打磨得以完美示人。

有些人终如玫瑰，需要一层一层剥下去，才发现他（她）的心。

比起“爱情”我更相信“感情”二字。相信那些相濡以沫与子偕老，千回百转终成正果的事情。

选老婆，选老公，不是选家电，好看立马拎回家，结果发现摔不得划不得吼不得，最后觉得不好玩了马上换一个，型号过时了再买一个。

过日子的那个人是冰箱，宁可逛得久一点，要选经久耐用几十年不坏的那一个。放在家里开门发现是昏黄的灯光，清新的内置，老婆要无噪音，老公要无污染。外边的火药味再浓，矛盾的温度再高，该冰冻的冰冻该保鲜的保鲜。

外人看起来要亭亭玉立，里面的人要觉得不温不火，一家人的温饱全放在心里面。即使冷落两天也没关系，也没谁见过整天把个冰箱抱在怀里面。好冰箱十年如一日，你只要不断电，他（她）绝对不罢工。

最考验质量的东西，果然是时光岁月。

幸福法则六：凡事不必回头看

如果情感的过程已经千疮百孔，那么就不要再回头去看，向前，才能获得新的幸福。

等你解开爱的密码

方世佳从天娜的房间走出来时，幽暗的夜空正瓢泼着倾盆大雨。

“晚上回去，就向你那黄脸婆摊牌，我可不想这样没日没夜地等下去，何日是个尽头？你要她还是要我，自己做个决定。”缠绵过后，天娜下了最后通牒。

“好，好，我一定给你一个满意的答复。其实，我早想和她离婚了，选择谁，还用问吗?”方世佳抚摸着天娜白皙的脸庞，想都没想就答应了。

确实，自从前年孩子意外流产后，并且知道妻子以后再不能生育时，方世佳就想着要和妻子离婚，特别是看见身边比自己迟结婚的朋友都抱上孩子后，这种念头一天比一天强烈，只是妻子善良，一接触到她幽怨、哀伤的眼神，他就开不了口，只能硬生生地把想说的话吞下去。

天娜年轻、漂亮，浑身上下洋溢着蓬勃的生气，而妻子慧美寡言少语，成天像个木头人，自前年流产后，整个体型全变了，原先丰腴的身体变得干瘦，木乃伊似的，神情恍惚，眸光黯淡。

走在昏暗的路上，方世佳撑着伞走得很慢，他一直在想怎么和妻子说离婚这件事。到底要如何说才可以说服她接受离婚呢？他知道妻子没有错，而且深爱着自己。就说没有孩子要和她离婚，这样行吗？

她一定会很痛苦，失去孩子时，她几乎不想活了。怎么样才可以把这种伤害减到最低限度呢？把家产都留给她，还是……她跟着自己受了那么多苦，特别是刚毕业那几年，在这陌生的城市，全靠她支撑才走过那段日子。

想起那段日子，方世佳常会感慨万分，确实不容易，如果不是她鼎力支持，如果不是她柔情的抚慰，自己是否还有勇气拼搏。

她关心他，安慰他，鼓励他，把一个女人的柔情化作滴滴甘露，滋润着他干涸的心灵，她甚至于常常陪着他在炎炎烈日下走街串巷拓展他的业务。

刚开始，他因为拉不下大学生的面子，也因为敏感、害羞，出去半天，一点收获都没有。她本是个话不多的女子，但为了他，她抛却女子的矜持，逢人三分笑，学着和客人周旋、交涉、客套，她得体大方的语言，真诚的态度帮他迎得了第一份业务单。几次之后，他终于自己走了出去，并且用自己熟悉的业务知识帮自己打下了一片天地，在单位的年业绩中排在第一位。

在完成原始资本的积累后，他创办了自己的公司。凭着良好的客户关系和熟悉的业务知识，公司在短短的几个月后逐渐走上正轨，并且开始盈利。

事业小成时，他和她喜结连理。谁都以为一起走过患难的他们一定可以天长地久，他们自己也曾这么认为。

她依旧站在他的身后，默默帮他打理公司琐碎的事情，很贤惠，很温柔，像只沉默的羔羊，只有她脸上盈盈的笑意，眼中闪烁的眸光表明她是幸福和快乐的。婚后的日子他们彼此恩爱，在一蔬一菜中感受着爱的真谛。她一直帮着他，直到三年后有了身孕才放下公司的事情回家待产。

如果她能顺利地生下那个孩子，如果她那天没有去超市购物，如果……他们可能还会幸福地生活在一起，可这世间没有如果。

天有不测风云，在她怀孕五个多月时，有一次去超市购物，在回家的路上，她被一辆急速行驶的摩托车撞倒在地。肇事者一看见她躺在血泊之中当场就跑了。

她躺在地上，两脚间血汩汩地流，染红了她纯白的孕妇裙，还好有好心的路人帮她打了120急救电话。她被送去急救中心，她的命捡回来了，只在脸上留下一道永久的疤痕，孩子流产了，最让她痛苦不堪的是她将终生不能再生育。这对于一个女人，一个想当母亲的女人来说是何等难言的痛楚。

那天因为大出血，她晕死过去，三十六个小时后醒过来。她一转醒就看见坐在病床前流泪的他。

“孩子呢?”她问。

他没有说话，只是惨淡地望着她无声地摇头，泪流了一脸。她惊恐地捂着自己的肚子，在那寂静的夜晚，发出了一声撕心裂肺般的哭声，欲哭无泪。

从医院回家后，她开始变得沉默，神情恍惚，脸上那道蚯蚓似的疤痕爬在她苍白而漠然的脸上。她不再把一个家整理得干干净净，不再到公司帮他打理琐事，她整日整日地躲在幽暗的房间流泪。

她不拉开窗帘，不开灯，一个人静静地坐在黑暗中，任泪肆意横流。她渐渐地害怕窗外明媚的阳光，害怕街道上穿梭往返的车辆。她时而痛哭流涕，时而嬉笑怒骂。看见他回家时，她阴郁的脸上又会露出笑容，只是那笑容也是凄苦和无奈的，比哭还让人心碎。

她有时会撕扯着他问：“我们的孩子呢？你是不是把他送走了?”有时说着话，她就要打开房门到外面去寻找孩子。她不让他出门，怕他一走出自己的视线就永远不再回来。她总是哭，泪水像泛滥的小河。

“疯了，这女人疯了！”小区里的邻居们一听到她凄厉的哭喊声时就会惋惜地说，无不为他们曾经的幸福遗憾。

他以为她深受打击神经错乱，曾送她去精神病医院治疗。但她在那大闹一场后又回来了，她说自己没病。

“你是不是不要我了？要把我送走？”她泪水汪汪地问他，问得他心悸。他不再送她去精神病医院，请了两个专业护士回来陪伴她。从精神病医院回来后，她不再吵闹，只是愈加沉默，目光恍惚，游移不定。

刚开始，他还悉心地照顾她，在她发怒时任她撕扯，任她发泄，他知道她没有疯，她只是深受打击，她接受不了这样残酷的现实，没有勇气再面对。后来，时间久了，他身心交瘁，疲惫得连面对她的力气都没有了。

公司里的一大堆事情等着他处理，外面的应酬又推托不掉，他不再急着回家，他害怕那个无底的深渊，害怕那没有尽头的磨难。他才三十出头，年轻英俊，事业有成，他却要面对这样的家庭，这样的婚姻。

他开始向妻子撒谎，他开始泡酒吧，他开始与各种各样的女人调情买笑。在醉与醒的边缘，他曾黯然泪下，他爱妻子，但他知道自己已经开始背叛，他无法再回到从前，无法再承受漫漫寂寞的长夜。

天娜就是这个时候走进他的生活。年轻的天娜不仅漂亮，而且善解人意，温柔有加，青春的朝气感染着他。方世佳萎靡的神情为之一振，在天娜风情万种的诱惑下，他情迷意乱，拜倒在她的石榴裙下，从此把妻子慧美遗忘在世界的角落。

经过医生的长期治疗和调理，慧美渐渐地平静下来，人不再急躁，只是因为药物的副作用，原先丰腴的体型变得干瘦，整个人仿佛一下子老了十岁，才三十出头的年纪脸上已布满皱纹。

在家里，他依旧温柔而悉心地照顾，但她却只从丈夫的眼中看懂了两个字：厌恶！

丈夫的夜不归宿她明白，只是她不闻不问，不吵不闹。她了解他，他是累了倦了，他在重新寻找属于自己的避风港湾。

“爱他就放了他！捆绑的婚姻不会有幸福和快乐！”慧美犹豫了很久，终于说服自己在结婚五周年纪念日时和他提出离婚，做出这一决定，她痛心疾首。他的心已经不再在这个家，心不在留不留都一样，只是他终究是善良的，没有在自己最绝望的时候离开。

他承受了很多本不该他承受的痛苦，是该放手了。慧美还爱着世佳，但她毅然选择了离婚。她知道爱，有时候正是放弃，因为当拥有已成为一种负担和痛苦时。想着自己的决定，慧美禁不住悲从中来，趴在客厅的茶几上痛哭流涕。

暮色四合，城市亮起了璀璨的灯火。慧美炒了几个丈夫爱吃的菜后，匆匆洗漱，略施粉黛。望着镜子中自己干瘦的身躯，望着那蚯蚓似爬行在脸上的疤痕，她泪流满面。每个女人都希望自己有窈窕的身姿，有姣美的容貌，慧美曾经拥有过，但现在依旧年幼的她却只能在照片中寻觅自己往昔的美丽。

时间悄然而逝，餐桌上的菜已经没有热气。慧美静静地坐在桌子前等待，愣愣的，耳朵却无时无刻地注意着楼道上熟悉的足音。柔和的灯光照射着慧美苍白而惨淡的脸，脸上的伤痕豁然醒目。她坐着坐着，深陷的眼窠里不由溢出两行寂寞的泪水，沿着面颊流入嘴角，涩涩的，苦在心里蔓延。

留下一封信后，慧美离开了家。

一声闷雷在静夜里响起，闪电划破了漆黑的夜空，豆大的雨滴顷刻间笼罩了整个裸露的城市。

方世佳是个聪明人，他自从与天娜确立情人关系后，他常常把车停留在公司，走路去到天娜房间，有时是天明后直接返回公司，有时是半夜时分回到公司开车回家。他把自己的婚外情掩盖得很好，以为这样就无人知晓。

那天夜里，他本不想回家的，因为下雨，路面全是水。无奈天娜翻脸如翻书，下了最后通牒，非要他晚上回去做个了断。回到公司取出车后，他就在茫茫雨幕中飞驰回家。一路上，眼皮莫明地跳。他心里一阵悸动。预感中，他觉得今晚会有什么事情发生。可离婚的事自己还没跟她说，会有什么事呢？

才进小区，远远地他就看见自己家客厅的灯亮着。“她在看电视吧！”方世佳想，忐忑不安的心平静了许多，只是怎么开口向她提出离婚的事呢？他犹豫不定，想着要用怎样的方式她才能承受。

回到家，开门进去时，他吓了一跳。房子里静悄悄的，只有客厅的灯亮着，餐桌上摆着两副整齐的碗筷。他推开了房间门，打开壁灯。

“人呢？”方世佳自言自语地望着空无一人的房间。接连从几个房间找过来，他没有找到妻子慧美。

“跑哪儿去了？外面雨这么大？”方世佳摸着后脑勺，想了半天，怎么也想不到她可能去的地方，平时这个时候她早已躺在床上酣然大睡。

坐在沙发上胡思乱想时，方世佳无意中瞥见餐桌上的蛋糕。今天是谁生日？没有呀，我和她的生日都在冬天。

方世佳思忖着，有些慌乱。走到餐桌边才看清蛋糕上的字：结婚纪念日，上面还插着五根蜡烛。看见蛋糕上的字后，方世佳的脸“唰”一下全白了，今天是他们结婚五周年的纪念日，原来曾答应她会一起庆贺的。“除非我死了，要不，我一定会陪你一起过！”自己当时对她说的话还记得，可晚上居然把这件事忘得一干二净了。那些菜全是他平时爱吃的，现在已经冷却凝固在一起，两副碗筷摆得整整齐齐。方世佳慌了神，一时不知如何是好。

搬动蛋糕盖子时，他终于看见她留下的信。

世佳：

我走了。你不用来找，我不会回来。今天是我们结婚五周年的纪念日，我原以为可以和你一起度过，因为你曾答应我。这是最后的晚餐，真的希望能够和你一起度过这温馨而短暂的时光，可现在这已成为一种奢望，我一直在等你回来，可我始终听不到那熟悉的足音响起。

我爱你，可我明白，如今我的爱已成为你生命中的重负。那场劫难带走了我一生的快乐，我知道我终将失去你。你爱孩子，你一直希望有自己的孩子，可如今，这对我来说已经成为遥不可及的事情。

我恨那个该死的肇事者，他改变了我的一生，让我从此陷入无底的深渊，永远没有快乐的时候。你的忧郁，你的无奈，你的心痛我懂，我看在眼里，你一直没有提离婚是因为你那颗善良的心，但我清楚，你已经不爱我了。

世佳，相识相知多年，结成夫妻也有五个年头了，我了解你，你脸上的表情就是你最真实的内心，你藏不了自己的心事。无意中看见你痴望着别人的孩子时，我心痛如绞。爱你，所以离开你。希望你从此以后是幸福和快乐的。放弃你，放你自由，结束这桩无爱的婚姻，我想这是我目前唯一能够帮你做到的……

信很长，字迹模糊，有斑斑的泪痕。

方世佳看完信后整个人都呆住了，手脚发凉。她走了？在这个陌生的城市，她没有亲人，在这样风雨交加的暗夜里，她能够去哪儿呢？方世佳接连打了几个朋友的电话，又到小区门卫询问，没有人知道他妻子的去向。

“她会去哪儿呢？”方世佳紧锁眉头喃喃自语。他疯了似的在这偌大的城市奔驰，脸色铁青，嘴角抿得紧紧的。

“爱你，所以离开你……”信上的每一句话犹如洪钟般响在耳畔，那么真切，那么绝望。那些话亦如一把把锋利的刀子，一下下撕割着他痛楚的心。

已经半夜了，雨越下越大。空旷的街道白水漫漫，成了一片汪洋，昏黄的街灯兀立着，挥洒着淡淡的清辉，在雨幕中若隐若现。冷清的城市，寂寞的长街，一辆黑色的车子在茫茫风雨中不知疲惫地穿行。车里，一个男子正默默地流泪。他的心悬得高高的，在痛，在流血，在抽搐。额头缀满了滴滴汗珠，握着方向盘的掌心也冷汗直冒。后背有一种冰冷的潮湿在蔓延，一直冰冷至心。

那一夜，整个世界都在下着雨。

方世佳开着车子在风雨中疯狂地寻找自己的妻子，他在车内痛哭流涕，滴答的雨声掩去了他低低的哭泣声，瓢泼的雨水却怎么也冲不去他内心无言的哀痛。他知道如果今夜找不到妻子，他将永远失去她。往昔的甜蜜和幸福，点点滴滴，历历在目。他是想要和妻子离婚，但面对这突发的事情，面对妻子情深意切的离别信，他怎能不感动？不深深地愧疚？

天边亮起第一道曙光时，下了一夜的雨终于停了。他失魂落魄地走到了一个公园里。这个公园是他们开始恋爱，经常手牵手闲逛的地方。甚至他们经常坐的那把躺椅旁的树都丝毫未变，依然葱绿，只是物是人非。

当他后悔万分的时候，突然，他看到了她。惠美撑着伞，站在躺椅旁，发梢沾着水滴，是雨，是露，还是眼泪。

那一刻，他才明白她的重要！他才知道，他离不开她！他紧紧抱起她说："对不起对不起，对不起。我以为……"他想说"我以为我再也见不到你了"，可是他觉得现在说什么都是多余。

慧美缓缓撑开怀抱，认真地望着方世佳，说："我也以为，我再也见不到第二天的太阳，见不到你了。该说对不起的，也有我的份。这段日子，我太沉溺在失去孩子的悲伤里，我以为我们再也不能回到从前了。忘记了生活还要继续，我还有你。"

方世佳把慧美带回家，帮她擦干了头发和泪水说："过去是不能复返的，过去的错误也不能更改，但我们可以重新开始，忘掉过去的所有。"

【燕子心语】

爱可以重新开始吗

很多人的感情，不管是你侬我侬，还是平淡如水，经历一段时间后，总是会忍不住生发出异想天开：

如果我当时……可能……

如果我选择了他，我现在可能已经成了少奶奶；

如果我当时和初恋男友保持联络，他可能已经成了我的老公；

如果我当时对他的家人好一些，他可能不会发生外遇，同我离婚。

过另外一种人生，拥有和现在不一样的感情生活，有不一样的家庭，有不同的婚姻生活。

另一种人生，一定会比现在更美好。

你有一颗恐惧的、不安的心，你总是做着改变“过去”造就“未来”的美梦。

我会推荐这样的你去看几部时空影片：

一部电影是《隔世救未来》：父亲在年少时去世了，儿子在另一个时代回到过去救了父亲——香港电视剧《隔世追凶》情节与此电影相似。男主角想念至亲的亲人，回到过去，阻止了人生的变故，家庭团圆，生活幸福。

另一部电影是《蝴蝶效应》，它告诉我们，如果你回到过去，改变其中一件微小的事情，那么“牵一发而动全身”，你未来的人生便完全不一样。

电影看完了，你还得回到现实中。

你过的捉襟见肘的日子，你不能和初恋情人再续情缘，你的婚姻已经解体，你的爱人已经离开，你的……这就是你的现在。

你终于会明白，为什么人们会热衷于拍摄这么多和时光有关的电影。人生到处充满了遗憾和悔恨，人们都希望人生可以重来，挣脱岁月的牢笼，做时间的主宰者。

我们害怕面对的，永远只是枯燥的乏味的乃至痛苦的“现在”。

二战期间，一位名叫伊丽莎白·康黎的女士写了《用微笑把痛苦埋葬》，书里有这么几句话：“人，不能够陷在痛苦的泥潭里不能自拔，遇到可能改变的现实，我们要向好处努力，遇到不可能改变的现实，不管让人多么地痛苦不堪，我们都要勇敢面对，用微笑把痛苦埋葬。”

未来，永远是一个未知数，谁也不能改变过去操控未来，大家能够决定的，只有现在。

而“现在”，很快就会成为“过去”。

尽管“现在”让你不太满意，让你感到痛悔，但时光是不可逆转的。世上没有后悔药，没有时光机器，凡事不必回头看，因为过去已成事实，未来不可预测，我们能掌控的只有现在。热爱生活的人，又怎么会沉浸在过去的回忆和错误里，苦苦惩罚自己，折磨身边爱你的人？

人人都会犯错误，每段人生都有遗憾，渐行渐远地流淌在岁月里。如果你发觉，彼此感情之间横亘的误解和痛苦，如果可以抛弃，轻装上路，为什么还要死死揪住不放？如果你发现忘掉过去，原谅彼此的错误，能够让生活变得更好，爱变得更鲜活，那你有什么理由像个怨妇一样整天活得蓬头垢面，毫无追求？

无法改变“过去”，那么就改变“现在”，微笑面对现在比起抱怨着面对现在，它能够给予你不同的人生结果。

珍惜现在所拥有的爱，牢牢把握身边爱你的人，即使回不到过去，还可以重新开始。

幸福法则七：为爱犯傻也要适可而止

女人有时不能一直做扑火的飞蛾，那样只会让爱情随着时间粉身碎骨。

有个傻瓜爱过你

卷轴门已经放下一半的时候，门口有人按了车喇叭，于是沙暖从阁楼上的楼梯走下，她穿一双天蓝色的夹趾凉拖，后跟在木质的楼梯上拖沓着，啪嗒啪嗒地响。沙暖缓缓地说："打烊了。"

车灯执拗地亮着，照射得沙暖睁不开眼睛，男人走下车，声音略微嘶哑："明天要参加婚礼，就麻烦你了。"

车灯暗下，沙暖终于看清，是一辆邋里邋遢的两厢福克斯，已经脏得看不清楚颜色，它的旁边，站着一个身影瘦削的男人，穿着蓝白色的条纹短衫，看起来并不是凶神恶煞的人。

沙暖看看墙上的挂钟，拿起了水枪。灰尘积累得真厚，沙暖搬了凳子，准备冲击车顶，接着她看到了写在车顶的字，应该是用大号的签字笔写的，落款是一头憨厚的猪，被一层又一层的灰尘覆盖着。

沙暖关掉水，用手轻轻地拂去灰尘，念叨："樊远，我爱你。"沙暖的声音极其轻柔，方才还在沉默的男子立即止住了她的手，失控地叫出声："不，不要洗。"

他急得踢翻了沙暖的凳子，也弄得她浑身湿透。沙暖从小水潭中站起来，纯白的衬衫开始变得透明，她发白的脚趾浸在凉拖中，神情惊诧。男人大声说着"对不起"，在她面前手忙脚乱，再后来，沙暖扔了他一支烟，坐在店门口的石墩上，就着发白的月光，开始吞吐烟雾。

一般午夜的时候，沙暖并不敢在店门口以这样的姿势抽烟，但现在她的身边有一个男人，于是她可以大胆地享受夜晚清凉的风。

男人说他就叫樊远，那字是一个女人写的。

沙暖说："我叫沙暖，这家店不是我的，可是我一直在这里。"抽完一支烟，沙暖说，“我还没干过那事呢，你让我也试试。樊远惊愕地看着沙暖，沙暖笑得花枝乱颤。黑色的内衣在湿透的衬衫内若隐若现，她指着洗了一半的车说：“在车顶写字，你让我也试试。”

却是没有写成字，沙暖就已经和樊远在车子内滚成一团。他们，原本只是到江边兜兜风。是沙暖指着滨江公园边的一辆辆车说：“我告诉你，这里就是车震的最佳地点，大家都来这儿。”

空气原本就局促，樊远连续开了三档的空调，也抵挡不住沙暖炙热的吻。

沙暖的吻带着浓浓的汽油味，让他有一点反胃，但又不觉得厌恶，于是他索性借着寂寞将这个女子狠狠地揉进了那些逼仄的空间中，让自己和她结合得更加紧密。樊远动作的时候，沙暖按了天窗，对着头顶细碎的星星开始哭泣。

樊远害怕了，他见不得女人哭，女人的哭声像一枚枚细针，扎得他喘不过气，不过沙暖用双手钩住了他的脖子，断断续续地说：“来，爱我。”樊远的心一下子就柔软了。待到一切收拾妥当的时候，天边已经微微泛起了苍白。

看天边的颜色，今天不会是个艳阳天，也不会下雨，空气中弥漫的是湿润的雾气，犹如昨夜沙暖的气息。樊远慌慌张张地穿衣裳，看着凌乱的车子，茫然无措。是真的非去不可吗？参加情人的婚礼，新郎却不是他？沙暖笑，原来世界上总有一些傻瓜，明明疼得不知所以，却打着爱的名号反复伤害着自己。

看见满柜子的男士衬衫时，樊远惊呆了，沙暖在他面前，脱去散布褶皱的衣物，换上浅蓝色的工作服，淡淡地说：“随便挑啊。”

阁楼里，有一张宽阔的双人床，阁楼狭窄，这张床占了大部分的空间，衬衫、内裤、皮鞋、剃须刀，除了欠缺一个活生生的人，一切迹象都表明沙暖并不是独住。

樊远逃也似的穿着一件靛蓝色短袖离开，沙暖站在洗车店门口，看着绝尘而去的车子，微微地笑着说了句：“傻瓜。”

樊远的车子在一堆豪车中间，显得幼稚而可笑。他在车队中穿梭着，以破坏队形的姿势蜿蜒地接近那辆玛莎拉蒂的主婚车。即便是关上车窗，也能听见那些跑车骄傲的马达声。在樊远听来，那些马达轰鸣声跟一头发情公牛的低吼声一样，聒噪无趣。

他的米莉就在那辆白色的玛莎拉蒂里边，那辆车扁扁的头活像一个垂死的鲨鱼头。

无论樊远如何贬低这些豪车，都不能改变米莉热爱它们的事实，实际上，每一个女人都热爱，米莉只是其中一个。

米莉是樊远的前女友，她十六岁的时候，就已经饱满得让桑镇所有的男人都垂涎欲滴，但她只钟情于闷头闷脑的樊远，以至于米莉将自己剥了个精光站在樊远面前的时候，樊远差点背过气去。

米莉红着眼睛说："远哥，我被糟蹋了。我爹会杀了我的，如果是你，我还可以活命。"樊远战战兢兢地看着米莉，不停地咽着吐沫。

樊远是镇上唯一考上重点大学的，算是公认的秀才。米莉拉过樊远的手，说："你不是早就喜欢我吗？你也偷看过我洗澡是吗？"这一句话就把樊远噎着了，像被揪住小辫子一般，他任由自己被米莉摆布着。

当樊远把米莉的身体打开时，他觉得自己顿时从败兵变成了威风凛凛的将军，这个日夜思念的身体随着手电筒下的小人书不知道被他碾过了多少遍。

米莉是愉悦的，樊远亦是如此，虽然他有一些懊恼，米莉的初夜没有给自己，但总归是得到了所爱的，那已经是个好结局了。

樊远如大多数人期待的一样，顺利毕业，成为一个小职员，二十八岁的时候终于按揭买了一套六十平方米的房子和一辆车。

那一年，米莉二十五岁，她的无名指闪烁着耀眼的光芒，刺得樊远的心眼发疼。

樊远的车子很快就被甩得不见踪影。后面一辆悍马还不怀好意地吻了车子的屁股，让樊远一阵颠簸，路过沙暖洗车店的时候，樊远不由自主地停下来，蹬在车边抱着脸哭。

一个男人最狼狈的时候，莫过于此了，他以为自己可以很勇敢地证明什么，其实什么都改变不了。

米莉告诉他，傻瓜，当年我和他们打赌，说一定能勾引到你这个好学生，我就能拿到一张刘德华歌友会的门票。

樊远不相信，自己整个年少青春的梦就只值一张歌友会的门票，他在米莉的面前时如此卑微低贱。

沙暖看樊远的眼睛，问："你爱她吗?"樊远点头。沙暖靠近樊远，细白的手指戳在他的胸口："有多爱?"樊远抬起头，呆呆地说："她给了我所有青春的梦想，没有了她，一切都是空白了。"

有关青春的梦想，其实沙暖也曾拥有过。戈至离开的时候，沙暖也才十八岁。二十岁的戈至当了四年的洗车工后开了一家小店，沙暖便是老板娘，每日在水花四溅的时光中挥洒幸福。

直到有一天戈至满身鲜血地跑回小店，他说要出去躲一会儿，让沙暖在家乖乖地等。那伙男人来的时候，找不到戈至，将瘦削的沙暖按倒在杂乱的水泥地上，轮流蹂躏。

那一次，汽油、污水、洗涤剂、男人的体液，一切的污秽在沙暖的身体里流淌着，她颤抖着抱住自己的双腿，看着那伙男人离开，"哐当"一下关掉卷轴门，卷轴门整整关了三天，

她在里面饿得头晕脑涨，第三天的时候，摇摇欲坠的沙暖开门上街买了一些面包，又回到店里等待。再后来，她开始陆续开张，那伙人又来过几次，不过沙暖准时关门，白天的时候他们不敢肆意妄为，渐渐地，那些人失去了耐心。

沙暖不停地问自己，等待的意义是什么。从二十岁等到二十三岁，等待了三年，直到遇见樊远。

他们像两个相互取暖的孩子那样，在黑暗中诉说着各自疲惫的爱情。以决绝的姿势汲取彼此的炙热。

樊远在黑暗中吻着沙暖说："我快爱上你了。米莉好像已经越来越远。"

沙暖就钻进他的怀里，咯咯地笑，可是当樊远沉入梦乡，她听见他清晰的呓语："米莉，不要走。不要走。"

沙暖的心就沉入了海底，深深地见不着光。她想，女人总要俗气一些，将身体交付给一个男人，他恰好能通过这种方式到达女人灵魂的时候，总会不由自主地爱上。

米莉嫁的是镇上有名的油商，那辆白色的玛莎拉蒂就是夫家的礼物。这一代的小镇，这样的土财主并不多，于是车子十分拉风，由于道路条件有限，他们总爱上高速上去飙。而上高速的第一家店就是沙暖的小店。

沙暖仔细端详过米莉，的确是个美丽妖娆到极致的女子，她身体的每一处凹凸足以让男人疯狂。

小店虽然简陋，却可以让这辆跑车焕然一新。一行人在门口笑，米莉说："我要吃雪糕，老板娘，哪里有雪糕?"的确热得发烫，地面冒出的热气已经在扭曲，沙暖指指对街。

米莉扭着腰肢挽住男人的胳膊，走向对街的冰柜，沙暖看着他们的背影，钻进车里，卖力地清理。其实根本不用怎么清理，他们无聊到想让跑车在高速上熠熠闪光而已。只需要十五块钱，这辆跑车就能带着米莉吸取更多人的眼球。沙暖眯着眼看着他们缓缓驶入高速。

十二点快到的时候，樊远来送了一次饭，他说今天是夏至，母亲做了一些糯米团子，想到沙暖说过自己在这边没有亲人，就带了几个过来。沙暖咬一口，芝麻糖水渗进了齿缝，她的眼泪就啪嗒啪嗒落下。

樊远又慌了，这是他遇见沙暖后第二次让她哭了。

沙暖问："你爱我吗?"

樊远点点头，又摇摇头。沙暖笑了，她的手指滑过樊远的脸庞说："至少你比戈至诚实。"

十二点二十分的时候，樊远听广播，说高速上一伙人飙车，撞了稀巴烂，当中有辆白色的玛莎拉蒂，樊远的脸色变了。

沙暖慢慢地站起来，一步步走向门口，越走越远。是她动了手脚，她跟了戈至三年，什么样的刹车线没见过？从此，不必再等待了。

只是为爱傻了一回，这一生，就傻了这一次，便是覆灭。

【燕子心语】

飞蛾扑火的女人最可悲

仅仅因为爱上一个人，就连带爱上他的一切，哪怕前方是万丈深渊，也奋勇向前。

年轻的时候，那份真情固然令人佩服，殊不知，一直选择做飞蛾的女人才最可悲。

做飞蛾是要上瘾的，那样的女子最傻、最真切。

爱得真切，也恨得真切，往往因为那样，忘记了生活最本质的幸福。

生活，不会一直像小说中的轰轰烈烈，有些人负心就是负心，不需要去偿还，去讨债。有些爱，远离就是远离，无论怎样缅怀都无济于事。

要学会做候鸟一般的女子，以低沉、永恒的姿势飞翔着，有目的地，也有组织和计划。

假如你爱上飞蛾一般的女人，千万别伤害她们，一旦她们反击，你会失去这个世界上最珍贵的，甚至是生命！

这不是危言耸听，每个人在爱情中，都要对得起自己的良心。

幸福法则八：守护一朵玫瑰花

我爱你，不是欣赏你的优点，而是包容你的缺点。

爱上不完美的你

2003 年，薛明正读大一，在新生军训中偶遇了漂亮可人的女生静茹，第一眼的惊艳让薛明暗暗决定，一定要把这个女生追到手。

军训结束后，薛明想方设法打听到了静茹的专业、班级，知道了她住在哪栋寝室楼，之后，便开始了长达一年的追求。

在那一年里，薛明关心的只有两件事，一是静茹，二是考试，薛明的精力和注意力都花在了这两件事上。寒冬腊月，薛明早早起床为静茹送早餐，为了保温，薛明甚至把牛奶捂在胸口；圣诞节在她寝室的对面楼顶，大声对她表白；突然下雨的课间，薛明提早跑回寝室拿伞，等在静茹上课必经的路旁。

薛明的执著，终于赢得了静茹的芳心。

浪漫的大学时光一晃而过，在临近毕业的时候，薛明却有了一丝不安，大家都说毕业了就分手，他害怕自己苦心经营的爱情也落得这样的结局。

毕业之后，薛明和静茹找到了不同的工作，告别了可以朝夕相对的日子，各自会有一个同事、朋友圈子，他的爱情还能保鲜吗？

焦虑中，薛明决定去见彼此的家长，把这段恋爱关系确定下来。

父母这关比薛明他们想像得好过，双方家长对他们的恋爱都没有表示反对，只是静茹的父母提出了一个要求，希望他留在宁波，因为他们只有静茹这么一个宝贝千金，一定要留在身边，假如这点不能答应，一切免谈。

原本薛明在老家合肥是找好了一份工作的，静茹也曾答应他毕业后跟他回老家，现在，既然她父母不让她离开，他只好选择了跟她来宁波。

起初，一切都还算好，毕竟是从校园里走出的纯真爱情，泛着一股清新的小甜蜜。可是，随着职场压力越来越大，薛明的情绪变得越来越不稳定。在异地从零开始的奋斗太辛苦了，作为新人，在单位里被人指使，下了班又没有知己可以交流，非常郁闷，静茹是薛明唯一的精神支柱。

在异地打拼的薛明感觉到孤立无助，一下子无法适应，再加上不同的饮食习惯，他一度怀疑他为爱情的付出是不是出了错。

静茹就不同了，家人、亲戚、同学一大帮，在这里，她是天时地利人和，可谓如鱼得水。如此一来，他们两个的业余生活就形成了极大的反差，薛明总是形单影只，她总是忙于应酬。即使和薛明在一起逛街，她也会通过虚拟网跟同事煲电话粥。

薛明觉得静茹越来越不重视他，在她眼里，他不再是唯一。危机感如洪水一样漫漶而来。

静茹天生性格开朗，还爱玩。适应能力很强，迅速在单位里站稳了脚跟，加上她年轻漂亮，口齿伶俐，所以单位里有什么应酬，领导都会找她去撑场面，同事间业余组织聚会，也一定要拉上静茹。

为此，薛明心里很不爽，多次告诫她：一个女孩子家不能总是抛头露面，能推就推，不要出去。静茹每次都是嘴上答应，一旦有邀请，还是会兴高采烈地依约前往。

静茹的这些举动深深伤害了薛明作为一个男人的自尊，他最厌恶女人喝酒，但有时候，她会玩到凌晨两三点才悄悄地回来，一身酒气。

薛明的不满日积月累，终于在去年秋天的一个晚上爆发了。那天，薛明和静茹本来约好了下班后一起吃饭，她却临时失约了，原因是单位有应酬。

薛明很生气，打她电话，她一再按掉不接。薛明一个人在静茹家的楼下等，想像着自己漂亮的女朋友被一群吞云吐雾的陌生男人或恭维、或调笑，薛明的心里就不由一阵阵懊恼。

那晚，等到静茹后，薛明果然在她身上闻到了淡淡的烟味。无名火起，薛明劈头盖脸地责怪起来。

“你要是那么喜欢在男人堆里混，你就混，哪天我被戴了绿帽子，我就该烧香拜佛了！”薛明的话很难听。

静茹一听，气得浑身发抖，她狠狠地甩了薛明一个巴掌，跑上了楼。

他也意识到自己说过分了，盛怒过后，他坐在她家楼下边抽烟，一条接一条地发短信道歉，静茹冷冷地回复说：“你走吧，我不想再见你。”

薛明又等了两个多小时，还是没有动静，那一晚天气挺冷，他在楼下踱着脚，万念俱灰，原来，静茹一点都不心疼自己。

以前的静茹是多么乖巧温顺，何曾对薛明这样冷言冷语过？联想到静茹这一段时间以来的表现，他怎么想怎么觉得静茹变了，或许她已不再爱薛明。

薛明忍不住又打电话，在短促的“嘟嘟”声中，他的怒火又被点燃了，一冲动，手机被薛明狠狠地砸向墙壁，四分五裂。看着一地手机碎片，薛明的心愈发懊丧，匆匆捡拾起来就大步离开。

辗转反侧了一晚，薛明觉得自己过得很窝囊，为了静茹已经失去了自我。以前他觉得静茹的性格活泼开朗，喜欢热闹，刚好跟自己的内向安静互补。可现在她的优点却变成了刺眼的缺点——虚荣，不顾家。

薛明执拗地没有主动跟静茹联系，她也没有主动联系薛明，两人各自憋着一股气，似乎是在赌谁更有耐心。

当时薛明以为静茹会来找自己，她一定和薛明一样不习惯没有彼此的日子，可是当薛明看到她 QQ 空间里的照片时，爱情的信心顿时像泄了气的皮球。静茹和同事一起去了大连旅游，她和男同事、女同事勾肩搭背，笑得那么开心。

这次旅游，她一个字都没有跟薛明提过，这说明，薛明在静茹的世界里，已经不再重要了。

和静茹整整一个月没有联络。冬天到来的时候，薛明突然做了决定，离开这个城市。这里的工作对薛明而言可有可无，静茹的冷漠也让薛明失去了留在这里的理由。

薛明给静茹发了一条消息：“和你一起来宁波或许是个错误，我们的感情更应该留在学校里纪念。”短信刚发过去，静茹的电话就来了，她约薛明见面。

薛明拒绝了，“你不是不想见我吗？”

她沉默了半天，问薛明：“真的决定了？那好吧。”

这个电话之后，一切戛然而止，薛明带着心痛回了老家。那些日子，薛明很消沉，觉得自己这六年是个彻彻底底的失败者，他的人生会因为这个失败而留下永远的阴影。

就在薛明沉埋于失恋的痛苦中不能自拔的时候，静茹给薛明发来了一封长长的邮件。

原来，在薛明不知情的时候，静茹已经和同事一起团购了婚纱照的套餐，预备和薛明一起去拍照。薛明却在这个时候醋海生波，打碎了她的好心情。那晚挨薛明的骂后，静茹很委屈，赌气不见薛明，她以为他会一直在楼下等，结果等她下楼时，薛明已经走了。

一切都是那么巧合地错过了。静茹觉得，依薛明以前的表现，肯定会主动示好讲和，没想到，左等右等竟等来薛明离开她的决定。静茹说，那天约薛明见面，是想给薛明最后的机会，可是薛明自己放弃了。静茹为薛明背离了曾经立下的非她不娶的誓言而伤心，她觉得他对她的爱根本没有她想像的那么深那么真。

读着静茹写的每一个字，薛明内疚得泪流满面。他以为自己付出最多，受伤最深，却没想到，静茹其实受伤更深。从她的角度来看，薛明这个男朋友也不太尽责，至少不像在学校时体贴了。

薛明本想回复邮件，转念一想，回复邮件不如亲自去宁波道歉更加实在。

他要回到爱情跌掉的地方，重新把静茹追回到身边，校园纯净的恋情不容易，爱一个人，怎能只爱她的优点，而不包容缺点呢？

在飞往宁波的飞机上，薛明做了一个梦，梦见他和静茹拍了婚纱照，他们在阳光下笑得很甜，他相信，只要他肯付出，一定能再次得到静茹的真心，因为如今的他，已然不是那个刚刚走出校门的莽撞男孩，经历了感情变故的他更懂得彼此之间信任和沟通的意义！

【燕子心语】

爱上他的缺点

费翔说：“爱一个人其实是爱上他的缺点。”这句话我非常同意。因为太完美的人反而会让人退缩。

既然你一切那么好，那还要我干什么呢，有点小毛病反而会让人觉得很可爱，想要去帮助他（她）。

其实没有一个人是完美的，我相信也没有一个人是故意去做错事。生长自不同环境的两个人，无论心灵如何契合，都难免会有冲突。与其说缘分是遇到一个能让自己欣赏与被欣赏优点的人。倒不如说缘分是找到一个能让自己愿意包容与被包容缺点的人。

恋爱，是一个寻觅与配对的过程，婚姻却是一个学习与调适的过程。以恋爱的心来看婚姻，自然是怎么看怎么失望，我认为这样的人是还不适合结婚的，否则必然会将自己的痛苦建筑在别人痛苦之上。那么怎样才是正确的婚姻观念呢？这没有一套标准答案，每个人有每个人的见解，别人适用的，自己未必适用。

不过我们也可以试着归纳几个共通点，来让自己对婚姻不至于有不切实际的期望：婚姻不是你用来改变对方的工具。许多人总认为结婚之后，他就会为我改掉坏习惯，更包容我；或是安定下来，不再三心二意。孰不知江山易改，本性难移，即使他会为你改变一下子，过不了多久又会回到本来面目。

所以别说：为什么他不再是当初为我改变的样子，是不是他不再爱我了，而要自问：我是否还维持让他改变的动力？

婚姻是两人结缘的开始，也表示两人在许诺的那一刻是愿意将心门之钥交给对方的。但如果两人就此以为不必做任何努力，就可让王子与公主过着幸福快乐的日子，那实在是在做梦。有这样想法的人，恐怕下一段恋情也不会更好。

幸福法则九：沟通，避开婚姻暗礁的万灵丹

再亲密的爱人也是独立的个体，所有的情感波折都源于对沟通的忽略，没有沟通，就没有和谐。

爱情需要双面胶

结婚两年后，李婷婷的老公张恒和她商量把婆婆从乡下接来安度晚年。他很小时父亲就过世了，他是婆婆唯一的寄托，婆婆一个人抚养他长大，供他读完大学。“含辛茹苦”这四个字用在婆婆的身上，绝对不为过！

无论出于礼节还是出于尊重，李婷婷都得连连说好，马上给婆婆收拾出一间朝南带阳台的房间，可以晒太阳，养花草什么的。

张恒站在阳光充足的房间，一句话没说，却突然举起李婷婷在房间里转圈，看到媳妇儿这样明事理，他自然欢喜得要命，当她张牙舞爪地求饶时，他开心地说：“走，接咱妈去。”

张恒身材高大，李婷婷喜欢贴着他的胸口，感觉娇小的身体随时可被他抓起来塞进口袋。当他们发生争执而又不肯屈服时，张恒就把李婷婷举起来，在脑袋上方摇摇晃晃，一直到李婷婷吓得求饶，这种惊恐的快乐让李婷婷迷恋。

婆婆在乡下的习惯一时改不掉。李婷婷习惯买束鲜花摆在客厅里，婆婆后来实在忍不住了，训导说：“你们娃娃不知道过日子，买花干什

么？又不能当饭吃！”

李婷婷笑着说：“妈，家里有鲜花盛开，人的心情会好。”

婆婆低着头嘟哝，张恒就笑：“妈，这是城里人的习惯，慢慢地，你就习惯了。”

婆婆不再说什么，但每次见李婷婷买了鲜花回来，依旧忍不住问花了多少钱，李婷婷说了，她就“啧啧”咂嘴。

有时，见李婷婷买大包小包的东西回家，她就问这个多少钱那个多少钱，李婷婷一一如实回答，她的嘴就咂得更响了。张恒拧着李婷婷的鼻子说：“小傻瓜你别告诉她真实价钱不就行了吗?”

快乐的生活渐渐有了不和谐声音。

婆婆最看不惯李婷婷让张恒起来做早餐。在她看来，大男人给老婆烧饭，哪有这个道理。

早餐桌上，婆婆的脸经常阴着，李婷婷装作看不见。婆婆便把筷子弄得叮当乱响，这是她无声的抗议。李婷婷在少年宫做舞蹈老师，跳来跳去已够累的了，早晨暖洋洋的被窝，李婷婷不想扔掉这唯一的享受，于是，李婷婷对婆婆的抗议装聋作哑。

婆婆偶尔也帮李婷婷做一些家务，她一做李婷婷就更忙了。比如，她把垃圾袋通通收集起来，说等攒够了卖废塑料，搞得家里到处都是废塑料袋；她不舍得用洗洁精洗碗，为了不伤她的自尊，李婷婷只好偷偷再洗一遍。

一次，李婷婷晚上偷偷洗碗被婆婆看见了，她“啪”的一声摔上门，趴在自己的房间里放声大哭。张恒左右为难，事后，张恒一晚上没跟李婷婷说话，李婷婷撒娇，耍赖，他也不理李婷婷。李婷婷火了，问他：“我究竟哪里做错了?”

张恒瞪着李婷婷说：“你就不能迁就一下，碗再不干净也吃不死人吧?”

后来，好长一段时间，婆婆不跟李婷婷说话，家里的气氛开始逐渐尴尬。那段日子，张恒活得很累，不知道要先逗谁开心好。

婆婆为了不让儿子做早餐，义无反顾地承担起烧早饭的“重任”。

婆婆看着张恒吃得快乐，再看看李婷婷，用眼神谴责李婷婷没有尽到做妻子的责任。为了逃避尴尬，李婷婷只好在上班的路上买包子打发自己。

睡觉时，张恒有点生气地问李婷婷：“婷婷，你是不是嫌弃妈做饭不干净才不在家吃？”翻了一个身，他扔给李婷婷冷冷的脊背任凭李婷婷委屈地流泪。最后，张恒叹气：“婷婷，就当是为了我，你在家吃早餐行不行？”

那天早晨，李婷婷喝着婆婆烧的稀饭，忽然一阵反胃，肚子里所有的东西都抢着向外奔跑，她拼命地压制着不让它们往上涌，但还是没压住，她扔下碗，冲进卫生间，吐得稀里哗啦。

当她喘息着平定下来时，见婆婆夹杂着家乡话的抱怨和哭声，张恒站在卫生间门口愤怒地望着她，她干张着嘴巴说不出话，她真的不是故意的。

他们开始了第一次激烈的争吵，婆婆先是瞪着眼看着他们，然后起身，蹒跚着出门去了。张恒恨恨地瞅了她一眼，下楼追婆婆去了。

好几天了，张恒没有回家，毫无疑问跟着他妈回老家了。连电话都没有。李婷婷正气着，想想自从婆婆来后，自己受了够多的委屈，还要怎样？

莫名其妙地，她总想呕吐，吃什么都没有胃口，加上乱七八糟的家事，心情差到了极点。后来，还是同事说：“婷婷，你脸色很差，还是去医院看看吧。”

医院检查后，她又惊又喜，自己竟然怀孕了。她明白了那天早晨她为什么会突然呕吐，幸福中夹着一丝幽怨，张恒和身为过来人的婆婆，他们怎么就丝毫没有想到这呢？

在医院门口，李婷婷看见了张恒。几天没见，他憔悴了许多。她本想转身就走，但他的模样让她心疼，没忍住，她喊了他。

张恒循着声音看见了她，眼神却陌生得要命，甚至还藏着一丝藏不住的厌恶，它们冰冷地刺伤了她。

一难过，她就顺手拦了一辆出租车，迅速钻了进去，那时，她多想向张恒大喊一声："亲爱的，我们有宝贝了！"然后被他举起来，幸福地旋转。出租车开出很远，她的眼泪才迟迟地落下来。

为什么一场争吵就让爱情糟糕到这样的程度？回家后，李婷婷躺在床上想张恒，想他满眼的厌恶。她把自己埋进了被窝，眼泪再一次无声息地流下。

夜里，家里有翻抽屉的声音。打开灯，她看见张恒正在打开抽屉拿钱，她冷冷地看着他，一声不响。他对她也视若不见，拿着存折和钱匆匆离开。

或许张恒是打算彻底离开了，真是理智的男人，情与钱分得如此清楚。李婷婷冷笑了几下，心疼得不知所以。

那天，李婷婷没去上班。想彻底清理一下自己的思绪，找张恒好好谈一次。

找到张恒的公司，秘书有点奇怪地看着李婷婷说："张总的母亲出了车祸，正在医院里抢救呢。"

李婷婷瞠目结舌。飞奔到医院，找到张恒时，婆婆已经去了。

张恒一直不看李婷婷，一脸僵硬。李婷婷望着婆婆干瘦苍白的脸，眼泪止不住："天哪！怎么会是这样？"

直到安葬了婆婆，张恒也没跟她说一句话，甚至看她一眼都带着深深的厌恶。

关于车祸，李婷婷还是从别人嘴里了解到大概，婆婆出门后迷迷糊糊地向车站走，她想回老家，张恒越追她走得越快，穿过马路时，一辆公交车迎面撞过来。

她终于明白了张恒的厌恶，如果那天早晨她没有呕吐，如果他们没有争吵，如果……在他的心里，她是间接杀死他母亲的罪人。

张恒默不作声搬进了婆婆的房间，每晚回来都满身酒气。而她一直被愧疚和可怜的自尊压得喘不过气来，想跟他解释，想跟他说我们快有孩子了，但看着他冰冷的眼神，又把所有的话都咽了回去。

有时，她宁愿张恒打自己一顿或者骂自己一顿，也不愿再遭受这样的冷暴力，虽然这一切事故都不是她的故意。

日子一天一天地窒息着重复下去，张恒回家的时间越来越晚。他们僵持着，比陌路人还要尴尬。

一次，李婷婷路过一家西餐厅，穿过透明的落地窗看见张恒和一个年轻女孩面对面坐着，他轻轻地为女孩拢了拢头发，她就明白了一切。

先是站在原地呆了一会儿，她缓过气之后，走进了西餐厅，站在张恒面前，死死盯着他看，眼里没有一滴泪。

女孩看看李婷婷，看看张恒，站起来想走，张恒伸手按住她，然后，同样死死地，绝不示弱地看着李婷婷。

她只能听见自己缓慢的心跳，一下一下跳动在濒临死亡般的苍白边缘。

最后，认输的还是她，她感觉如果再站下去，她会和肚子里的孩子一起倒下。那一夜，张恒没回家，他用这样的方式让她明白：随着婆婆的去世，他们的爱情也死了。

他再也没有回来。有时，她下班回来，看见衣橱被动过了，他回来拿一点自己的东西。

她不想给他打电话，原先还有试图向他解释一番的念头，一切都彻底失去了。

她一个人生活，一个人去医院体检，每每看见有男人小心地扶着妻子去做体检，她的心便碎得不像样子。同事们看到她一个人可怜，劝她打掉算了，她坚决说不，她发疯了一样要生下这个孩子，也算对婆婆的死的补偿。

有一天，她下班回到家，张恒坐在客厅里，满屋子烟雾弥漫，茶几上摆着一张纸。没必要看，她知道上面是什么内容。张恒不在家的这段时间，她逐渐学会了平静。

她看着他，摘下帽子，说："你等一下，我签字。"她的身体重心不太稳，扶住了墙。

他们彼此对视，眼神复杂。

她一边解大衣扣子一边在心里对自己说："不哭不哭……"眼睛很潮，但她拼命不让它们流出眼泪。

挂好大衣，张恒的眼睛死死盯在她已隆起的肚子上。她惨然地笑笑，走过去，拖过那张纸，看也不看，签上自己的名字，推给他。

"婷婷，你怀孕了?"

自从婆婆出事后，这是张恒第一次跟她说话。她再也管不住眼睛，眼泪"哗啦"地流下来。

她努力收起眼泪，平静地回答："是啊，不过没事，你可以走了。"

那一晚，张恒没走，黑暗里，他们对望着。张恒慢慢趴在她身上，把耳朵放在她的肚子上，眼泪渗透了被子。而在她心里，很多东西已经很远了，远到即使她用力奔跑都拿不到了。

不记得张恒跟她说过多少遍"对不起"，她也曾经以为自己会原谅，却不能，在西餐厅张恒当着那个女孩的面，他看她的冰冷的眼神，这辈子，她忘记不了。

他们在彼此心上划下了深深的伤痕。她的，是无意的；他的，是刻意的。

除了想起肚子里的孩子时心里是暖的，李婷婷心冷如霜，不吃他买的任何东西，不要他的任何礼物，不跟他说话。从在那张纸上签字起，婚姻以及爱情统统在李婷婷的心里消失。

有时张恒试图回卧室，他来，她就去客厅，张恒只好睡回婆婆的房间。

夜里，从张恒的房间有时会传来轻微的呻吟，李婷婷一声不响。这是他习惯玩的伎俩，以前只要她不理他了，他就装病，她就会乖乖投降，关心他怎么了，他就一把抓住她哈哈大笑。他忘记了，那时，她会心疼是因为有爱情，现在，他们还有什么?

他们的僵持就这样持续到孩子快出生。他几乎每天都在给孩子买东西，婴儿用品，儿童用品，以及孩子喜欢的书，一包包的，快把他的房间堆满了。

她知道他是想用这样的方式感动她，而她却倔强得不为所动。他只好关在房间里，用电脑“噼里啪啦”敲字，或许他正网恋，但对她已经是无所谓的事了。

转年春末的一个深夜，剧烈的腹痛让李婷婷大喊一声，张恒一个箭步冲进来，好像他根本就没脱衣服睡觉，为的就是等这个时刻的到来。

他背起她就往楼下跑，拦车，一路上紧紧地攥着她的手，不停地替她擦掉额上的汗。到了医院，背起她就往产科跑。趴在他干瘦而温暖的背上，一个念头忽然闯进心里：这一生，谁还会像他这样疼爱自己？

张恒扶着产房的门，看着她进去，眼神暖融融的她忍着阵痛对他笑了一下。

从产房出来，张恒望着他的妻子和儿子，眼睛湿湿地笑啊笑啊的。她摸了一下他的手。心中的冰块顿时融化。

儿子偎依在他怀里，舞动粉色的小手。李婷婷“喀嚓喀嚓”按快门，泪水在脸上肆意地流淌。

【燕子心语】

沟通，才会精彩无限

如果说起婚姻这回事，围城里的人说也说不停。不幸的婚姻是相似的，幸福的婚姻却各有各的精彩。每个人都有独立的思想，即使是夫妻也不例外，每份感情面临的考验不同，如果彼此埋怨，抱怨，只能被暴风雨把炽热的感情打翻在礁石上。

婚姻怎么相处，没有一个共同的结论，但不管怎么样，有一个相处的要素是婚姻不可回避的，那就是沟通。

人在社会上相处需要沟通，在家庭里更要沟通，不沟通，只能增加误会的几率，增加矛盾的机会。我记得有一句话，应该对婚姻很适用，“不要相信道听途说的东西，就是你亲眼看到的，也要问一下情况。”

说的是孔子跟颜回周游列国发生的事，孔子发现颜回偷吃粥糜，结果却是颜回发现粥里有脏东西，丢了可惜，才吃的，最后经过了解孔子才知道这回事。而我们的婚姻同样需要类似的沟通，不要说你没有证据而怀疑你的配偶，就算你好像听说了什么或是发现了什么，哪怕是你亲眼看到的，你也要先沟通，来证明你看到的是不是那回事。

在现在这个社会，不管男人、女人都有自己的生活圈子，也都有自己的男女朋友和同事，更会有自己的社交圈子和应酬，我们怎么可能每个都怀疑，更不可能天天跟踪，就算你有时间，有精力，可夫妻之间失去了信任还能有什么呢?

信任是维持夫妻关系的基础，沟通是保持长久的要素。把自己心中的怀疑和关心说出来，让他和她能理解、明白，不要把什么都埋在心里。夫妻间有了沟通，就多了一份理解，也让自己多了一份责任。

敞开自己的心灵去和自己的爱人多沟通，让对方对自己多一份了解，就多一份信任，婚姻就会多一份保障与安全。多了沟通，多了了解，多了信任。

婚姻需要经营，任何事业可以失败重来，婚姻却没有这种特质！所以当你说“他不适合我”的时候，请先问“我做了什么努力让他适合我”？当你说“他不再爱我”的时候，请先问“我做了什么努力让他继续爱我”？当你说“他让我无法忍受”的时候，请先问“当他做出让我无法忍受的事时，我是否曾让他知道我的感受”？

结婚就像是到银行开账户一样，一开始会先存一笔款进去，表示对彼此的承诺。日后若遇到争吵或抱怨，就像是从账户中提出款项；而如果有些感动或喜悦，就像是存款进去。一个好的婚姻，它的账户应该有提有存，而且余额是越来越多，反之如果账户只提不存，一旦余额低于开户基数，就随时有被结清的可能。大部分会走到离婚之路的人，都是因为缺乏危机意识，没有时常去 check 余额与定期存款。

要维系一个好的婚姻并不是不可能的，但关键不在于你是否够幸运能遇到一个不会有问题的伴侣，而是你是否能在相处中学习沟通与成长，化危机为转机。

所谓的沟通，不是要你说服对方来顺从你的想法，而是要了解对方的想法，并找出异同之处，求同存异。而成长，也不是要一味指出对方的缺点要求他改变，而是要接纳对方所指出自己的缺点，从改变自己做起。

幸福法则十：不要惹怒付出一切的人

当一个女人爱到极致的时候，就算失去，她宁愿毁天。于是，所有不可预想的后果就这样发生了。

爱情里没有双赢

这个世界有许多种相遇方式。比如，艳遇，在电梯口遇见一个性感极致的女子，恰好电梯中只有两个人，空气中弥漫着暧昧。一个轻佻的呼吸都能让人心神荡漾。

江霖遇见凌渔，是一见钟情。他心里想："再没有比这更完美的女子了。"她安静地在躺椅上，如果不是因为沈医生吃坏了肚子，江霖是不会亲自上阵的。

凌渔的睫毛弯曲着，眼角微微地上扬。她来做激光洁牙，牙齿泛着健康的珠贝色，嘴唇粉粉的，镀了一层诱惑的光泽。他的眼睛往下，遇见了凌渔弧度婉丽的锁骨，立即就深陷入这两根蜿蜒到肩膀的锁骨里去了。

凌渔离开的时候，江霖亲自送到门口，看着她打车离开，是个美丽的女人，但没有男人接送，无名指上也没有戒指，只有一条看起来设计非常精巧的项链。应该是个单身的女人，于是下班后，他让杜小满先回家，顾自到停车场取车去凌渔的公司。资料卡上有凌渔的工作地点，这样才能刷医疗保险卡。

杜小满是诊所的护士，也是江霖的同居女友，八年前，两人一起离开医院，一起开了牙科诊所。

最初诊所开在小巷子里，混在洗浴店、干洗店与烧饼店中间，现在江霖的牙科医院在落城江干大道商贸中心 C 座 58 号，这一带高楼林立，是落城的经济开发区，有写字楼、购物区与高级餐饮区。

他的牙科医院少了小巷子里坐月子吃多了糖捂着腮帮子的孕妇，多了注重个人形象的小白领，她们定期来看牙医，浑身一丝不苟，包括牙齿。

下午五点三十分，他看着凌渔从写字楼 B 座的大门口走出来，招手拦车，江霖抢在出租车前面，准确地停在凌渔面前。他满脸笑容，说：“我是江医生啊。”

凌渔坐进副驾驶座的时候，江霖觉得自己反而窘迫了。虽然凌渔没有说什么，但江霖觉得自己该换车了，如果不是杜小满一直阻止说车只是代步工具，能开就好，他不会开这辆福克斯这么多年。他尝试着对凌渔说出要换车的想法，两人似乎一下子找到了共同语言。

与凌渔相遇的第六个小时，江霖决定买车，不过不是换自己的车子，而是给凌渔买了一辆冰蓝色的甲壳虫。标配二十二万，刷卡的时候几乎是眼睛都没有眨，凌渔看他的眼神顿时温柔了，但却没有以往那些女子的谄媚。江霖心里乐得开花，就是她了，谁说老婆不能太漂亮，一定要把凌渔娶回家。

杜小满去关窗户，起风了，米色的窗帘如波浪般涌动着。她走上前，看到了楼下的江霖在风中手舞蹈足。他在跳舞，杜小满倚着窗台，笑了。她与江霖相识了十八年，今年江霖三十二岁，正是最好的年纪，杜小满三十，青春已经岌岌可危。

他们是从落城的贫民窟走出来的孩子，城市边缘用木板块与油纸布搭建起来的棚屋，每一次暴风雨来临的时候，听着屋顶上“嘭嘭”的声音，生怕下一秒就随着那些不断被揭起的塑料片一起被撕扯到空中去。

十八岁的时候，江霖考上了国防生，那种不用交学费的大学，读医，毕业了就是军医。十六岁的杜小满成绩很差，连高中都考不上，于是读了职高，读护理专业。

等到江霖毕业开始工作的时候，杜小满已经是工作了三年的小护士。他们在一张白色的病床上交付了彼此。江霖很生涩，杜小满却是风情万种，江霖知道她已经不是第一次，有些犹豫，还是继续了。

他们不知道，虽然病房里没有摄像头，但是走廊里有，他们欢爱的镜头在保卫处被大家当作色情电影看了个遍。于是，刚刚毕业的江霖失去了工作。杜小满为此一直很内疚，国防生，他原本应该前程似锦的。

杜小满拿出工作三年所有的积蓄，与江霖开了诊所。幸亏辛苦八年之后，总算事业有成，不然该是如何对不起江霖。所以这些年她对江霖的风流韵事，一直没有多过问。

杜小满关紧窗，擦干眼泪，跑着去开门，又递上拖鞋。江霖低着头，忽然觉得杜小满像极了家里的老金毛汪汪。汪汪是杜小满养了许多年的狗，最拿手的事情就是替主人叼拖鞋，这几年年纪大了，对谁都爱理不理，尤其是对江霖，眼神里充满了莫名的仇恨，每次江霖对着杜小满发牢骚说：“你养一条没用的老金毛在家干什么，到处都是狗毛。”

原本在睡觉的汪汪就会抬起眼皮子，轻蔑地看他一眼。一条狗竟然有这样的眼神，太可怕了。想到这里，江霖问了一句：“汪汪呢？”杜小满抬起脸，木然地说：“死了。”“哦。”

江霖走向洗手间洗澡，他要趁着杜小满还未发现，赶紧洗去身上的香水味。以前他特别不喜欢抹香水的女人，可是凌渔的香水味若隐若现，仿佛渗进了皮肤，像夏天空气中的夜来香一样，曼妙极了。

洗澡时关掉水抹香皂的时候，江霖听见了厨房里“霍霍”的声音，他推开门探了探脑袋，声音没有了，等到再推开门的时候，看见了横在卧室床上的杜小满，已经睡着了。她的一截腿搭在被子上，江霖想起凌渔，满脑子的欲望，没了睡意。

送凌渔一辆车的好处是在接她下班的时候，江霖可以坐进凌渔的甲壳虫，去凌渔的住处。虽然坐在副驾驶座上的江霖连腿都放得不痛快，但看得出凌渔很喜欢这辆车，车里有股舒坦的香味，凌渔说是去法国培训时带回来的原装精油，提神缓解压力，车里不能放劣质的香水，对身体不好。

她偏了偏脸说："我家里还有，待会儿你拿一瓶走吧。"江霖身体里的欲望一下子又提了起来。他有些心虚地把脸瞥向窗外，看到了后视镜里一晃而过的银色小跑车，或许是奥迪 TT 吧。开车的也是个女人，长发蒙住了脸。

天空开始压低了，落城已经进入了雨季，天空开始不规律地变色，果然，几分钟的时间，挡风玻璃上布满了透明的水珠。雨刷左右摇摆，车厢里的空气湿润起来。江霖心里想天赐良机，这么大的雨，她应该不会立即赶我走。

凌渔的小区叫"柠檬公寓"，是专门针对小白领开发的楼盘，她住在十三楼，是个不太吉利的数字，从小区地下停车场去电梯的路上，江霖隐约感觉到了后背蹿上一阵凉意。

或许是淋湿了吧。凌渔的驾照是刚拿的，开到停车场门口害怕了，于是江霖下车两人换了位子，于是两人都砸到了雨点。

刚走进凌渔客厅的时候，江霖就愣住了，从心底升起一股暖意，真是一个温暖的家啊。凌渔去厨房拿饮料，他坐在布艺沙发上，虽然不是自己家里那种几万块的真皮沙发，却极其柔软舒适，客厅的主色调是淡淡的柠檬黄，虽然有一些稚嫩，却有一种说不出的舒畅，好像自己又变年轻了。

当凌渔端着现榨的西瓜汁走出来的时候，江霖再也忍不住了，他走上前，鼓起勇气一把抱住凌渔，按进怀里说："凌渔，我喜欢你，喜欢得要命。"他的嘴唇靠近凌渔的锁骨，想起第一次见到这副锁骨的样子，恨不得立即用嘴唇吻遍她的肌肤。柔软的、温热的、光滑的年轻肌肤，让江霖陶醉！

她没有拒绝反抗，江霖兴奋极了，手指一路延伸下去的时候，手机不合时宜地响了，“月亮之上”的铃声在小客厅里不依不饶地回荡着，凌渔厌恶地推开他，江霖拿起一看，竟然没有来电显示！

虽然还在为这个神秘的电话懊恼，但更懊恼的是凌渔的态度，之前的温驯消失得无影无踪，她收起笑容，冷冷地说：“赶紧把这铃声换了，真是恶俗。”

一直到晚上十点，喝完凌渔的手磨咖啡，他也没有机会再接近她。但是真的认定这个女子了，真是相见恨晚。美丽动人的凌渔绝不是一个绣花枕头，她的厨艺惊人，色香味俱全。她喜欢喝天然的果汁，自己能调制出清甜的味道，甚至，她还为江霖熨了一下他的外套。娶这样的女人回家，简直是一件珍宝。

很意外的，杜小满不在家。

江霖推开门第一眼看到了汪汪的“遗像”，就摆在玄关的鞋柜上，与一个花瓶放在一起。眼神还是那样轻蔑，江霖一把合上黑色的相框，骂了句“见鬼”。

凌渔竟然还是个处女，而且她的观念很传统，一定要在新婚之夜把自己完整地交给丈夫。江霖想得快乐极了，金钱与地位他都有了，还缺一个完美洞房花烛夜。

杜小满悄无声息地站在身后，手指搭在他的肩膀上，幽幽地说：“在干吗呢?”江霖吓了一大跳，险些打翻她手中的参茶。这些参茶是杜小满远在吉林的舅舅挖到的真正的野参，是滋补的良品。杜小满的嘴唇凑近他的耳朵，轻轻地说：“我们有两个月没做爱了，你知道吗?”

江霖轻轻“哦”了声，自从认识凌渔之后，他没碰过杜小满。他的想法是把别墅留给杜小满，医院注册时用的是江霖的资料，所以依然归他，存款也可以给杜小满，因为他私底下的账户存款远远多于他们的共同账户。

跟了他九年，得到几百万财产，杜小满应该不会吃亏，江霖是这样想的。

那一夜，江霖辗转反侧，脑子里全是没有开发过的凌渔。

虽然在许多人的眼里，杜小满是江霖的妻子，但他们之间，连一纸婚约的束缚都没有，他与凌渔已经去看了房子，他已经开始设想充满活力的完美生活。

当江霖最终把一枚三克拉的钻戒送到凌渔手中的时候，她激动得快哭了，她主动吻了江霖，“江霖，你真的很爱我，我愿意嫁给你！”

与杜小满的分手出奇地顺利，但是她看江霖的眼神却让他再次想到了汪汪，那条不知行踪死去的狗与顶着小肚腩腆着屁股包裹在护士服下毫无生气的杜小满的身体，都让人厌倦。

杜小满说：“你真的愿意为了那个女人放弃我们这么多年的一切？是一切你知道吗？”江霖顿了顿说：“对不起，小满，我们之间的爱情，早就没了。”

江霖的身体开始莫名其妙地痒，他给自己打了几支过敏针，依旧痒，他想最近也没有与不同的女人过夜，性病检测全阴性。身体的这点不舒服，立即被即将得到凌渔的喜悦冲淡了。

江霖与凌渔的婚期将近，凌渔却失去了讯息，哥们儿提醒说：“这个女人不会是诈骗犯吧，拿什么婚前不能见面的理由搪塞你。”于是江霖开车去凌渔的公寓，他抱着大束的郁金香，悄悄地开门，客厅里没有人，浴室里传来哗哗的水声，浴室门没有关，他的心要跳出来了，蹑手蹑脚地走过去，这个时候，推开浴室门，不会被凌渔责怪吧，她已经是他的准新娘了。那一定是此生最难忘的景象。

门被猛地推开，朦胧的雾气冲进他的眼睛，浓烈的沐浴液的香味钻进他的鼻子，一丝不挂的凌渔，他后退几步，她尖叫着扯下浴巾，盖住身体。

江霖疯狂了，凌渔的脸很别扭，仔细看才回过神，她的眉毛消失了！她的全身，布满了干巴巴的鳞片，其实只是皮肤干燥后留下的痕迹与一道道深深的抓痕，江霖开始想到自己身体上的发痒症状。

现在的凌渔与自己多年前在贫民窟里看到蜷缩在角落里的老太婆没有差别，她继续尖厉地叫着，捂住自己的身体，跑到阳台上，瞬间就消失在江霖的视线里。

赤裸的凌渔以惨烈的姿势横亘在一楼的草坪处。她的皮肤让现场的人唏嘘，像一只丑陋的动物。

人群中有许多看热闹的人，此时在凌渔房间里疯疯癫癫的江霖一定不知道，人群中有杜小满，她冷眼看着死去的凌渔，挽上一个男人的手臂，银色的奥迪 TT 消失在夜色中。

一个有着十一年工作经验的护士，调制无色无味让皮肤毁灭的药剂，是多么简单的事情，那些药剂藏在江霖送的每一束郁金香里。当一个女人爱到极致的时候，就算失去，她宁愿毁灭。

【燕子心语】

两败俱伤的感情最可怕

这个世上太多的人忘恩负义，以为感情可以用物质和付出去衡量。

故事虽然令人唏嘘，但更多的是给人思考。真的有一成不变的爱情吗？男人是不是永远沉溺在追逐新鲜的快感中？

那个无怨无悔守在你身边的人，假如你一次次地伤害，伤害到体无完肤的时候，她们也有彻骨冰凉的感觉。

那些像刺猬一样的女人，一旦竖起保护自己的盔甲，会坚硬地保护自己，更会刺伤他人。

不要让爱情死在抛弃上，哪怕是分开，也不要耍什么心机。

报复爱情的女人，在报复他人的时候，也挫伤了自己。

所以，处心积虑的爱情从来没有双赢。

幸福法则十一：有些爱需要浅尝辄止

一见钟情固然浪漫，也要看对象值不值得你奋不顾身。一旦离去，后会无期。

如果还爱，一切都还来得及

顾天梁去儿童公园的时候，正值江南的雨季。自情人节之后便淅淅沥沥地落雨，空气里弥漫的都是混杂着霉味的潮湿。

拐进儿童公园侧门的时候，街角忽然跑出个人，顾天梁猛打了方向盘，手肘磕在方向盘上硌得生疼。他一抬头，眼前便是一团绿。三月的江南小城，难得看见这样显眼的绿。顾天梁忍不住开快了雨刷，透过渐渐明朗的挡风玻璃，看清楚了这团绿的来源。是一个穿着绿色开衫的姑娘，撑黑色的伞，柠檬色的小挎包，微微地喘息，惊魂不定。顾天梁屏住了呼吸，她的长发被雨淋湿，粘在唇边，让他有了目标明确的冲动。

顾天梁下车，看见她的校牌，果真还是一个学生，凌蔓荷，极其曼妙的名字。两个人就站在雨中，后来顾天梁想起，便会咯咯地笑，那是一幅多么奇怪的画面，一个年已不惑的房产老总，一个青春逼人的女学生，怎么会在儿童公园门口遇见。

凌蔓荷先打破了僵局，撑高了雨伞，天空便瞬间晴朗了。

顾天梁说："不如一起吧。"不知一起做什么，凌蔓荷却是乖乖地顺从，等着他停好车，一起到公园门口，买票入场，每人一块。

顾天梁摸索了很久也没找到两块硬币，倒是凌蔓荷伸出了手，两个硬币掉进售票处的铁罐子里，叮当作响。你看，这个城市还有这么廉价的玩处，只消两块钱，便可消磨时光。

顾天梁其实是来看地皮的，他的公司已经买下这块地，而凌蔓荷则是来做市场调查。她站在五颜六色的摩天轮下说："我还没坐过摩天轮呢。”并非是周末，只为两个人开转摩天轮要耗费不少的电，察觉到凌蔓荷失望的神情，顾天梁指着旁边的海盗船说：“不如换成海盗船。一起嘿咻嘿咻？”原本只是借用了那部娱乐片的台词，但错说出口的时候，顾天梁竟然有点不安。

倒是凌蔓荷大方地牵过他的手，两个人，十块钱，五分钟。

凌蔓荷拽紧他的手，在一次次起伏的时候尖叫，别人也尖叫，她也尖叫，那叫声从她的身体里穿透出来，把顾天梁叫得发颤。凌蔓荷喊：“啊，五块钱怎么这么久！怎么还不停？救命！”

五块钱？顾天梁的心立即被凛冽的风穿透了，漏了很大的缝隙，生生地疼。

那一天以后，顾天梁做了比五块钱更多的事情。

他带凌蔓荷去高级餐厅，去五星级饭店，看得出她还是个青涩的女子，以这样的礼遇对她，也算尽责了。顾天梁自然不会傻到与一个二十出头的女子玩爱情，他心里只有一个渴望，得到她，便是最近的渴望。

她的舌是粉粉的，每一寸肌肤都能让他燃烧。那一夜，顾天梁破天荒第一次没有回家，他关掉手机，全力痴缠身边的小人儿。1989 年，并不是太远的记忆。对了，有什么特别的事情发生，那一年，也是他女儿出生的年纪，想到这里，他的臂膀一下沉，凌蔓荷收紧了身体。

终究还是没有敌过欲望，他看见身体下的凌蔓荷狠狠闭着眼睛，睫毛挤进了皱着的皮肤褶皱里，挂着晶莹的泪珠。

代价开始逐渐增长。与大多数的小情人一般，给凌蔓荷换了手机，买了首饰，添了名牌护肤品，租了房子。凌蔓荷便与他的女儿出落得没什么两样，皮肤泛着苍白的美丽，衣服的质地与板型都极佳。她如蝴蝶般穿着新衣在顾天梁面前旋转的时候，他的眉宇间有了沟壑。“不如，再穿那件绿色开衫给我瞧瞧？”凌蔓荷斜靠在梳妆镜前，懒洋洋地问：“哪一件？江南布衣的还是浪漫一生的？”她的淡紫睡裙下弯弯地勾出一截小腿，是故意的，顾天梁却没心思了。

与凌蔓荷相处了五天之后，顾天梁往她的卡里打了五万块钱，吃完最后一顿饭，回家。

有些疲倦，妻子杜茉舒在露台养玫瑰，拿着花洒，神情如雕塑一般专注。顾天梁把大衣交给保姆的时候，她只是微微地说了句：“回来了啊。”顾天梁知道，杜茉舒其实是无事不晓的，却吃透了他的脾气。无论在外面多风流，不超过一个星期，一定会回到她身边，因为她是妻子，也是顾天梁的一颗棋子。心知肚明就好，夫君是自己挑选的，不必步步紧逼。

是夜，顾天梁额外卖力，当杜茉舒的喉间开始有了模糊不清的呻吟时，顾天梁就开始说话：“舒，儿童公园改建的项目，在董事会上，你要帮我。”杜茉舒只顾不停地说好，头仰得很高，露出了脖子上的深纹。

虽然是执行董事，公司的股份，顾天梁只占了百分之二十，杜茉舒的手中有百分之三十，还有老爷子手上的百分之十，他就是这般被牵绊住的。杜茉舒也有个好名字，却绝对不是顾天梁中意的类型。低矮，有少许的肥胖，从不下厨，睡着的时候，会打重重的鼾。辗转反侧的时候，他的脑子里就满是凌蔓荷。不是因为她的曼妙她的柔软，是因为初次见面时，花费的那五块坐海盗船的钱，是他这辈子的神伤。

在家里遇见凌蔓荷时，顾天梁愣住了。他后退几步，偷偷看在露台侍弄花草的妻子，小声地问：“你是怎么回事？”是的，当初说好，给凌蔓荷五万，算是补偿她的第一次，从此各不相欠，一笔勾销。他忘记了宁可招惹狼女也不要招惹处女。

顾天梁虽然懊恼，但也无可奈何，只能看着凌蔓荷系着围裙在厨房里快乐地忙活。杜茉舒喝排骨汤的时候便赞许说：“果然得了赵姨的手艺。”什么，凌蔓荷竟然是赵姨的女儿，怪不得如此眼熟，他想起，终于想起，十年前，有个小女孩打翻了女儿生日宴会的蛋糕，女儿便撒野用破碎的蛋糕糊了她的脸，是他带着她去洗手间一点点洗干净。她的左边眼角有一颗泪痣。

顾天梁开始战战兢兢，难道这是妻子设的局？难道妻子竟然聪慧到用美人计来暗算他？早就听说妻子与公司的司机老王暧昧不清，顾天梁的背冒了凉飕飕的汗。

却是一直相安无事，凌蔓荷替抱病住院的妈妈代班，中规中矩，她替顾天梁熨衣物，极其认真，慢条斯理。顾天梁的神情数次恍惚，仿佛看见了温乐纤。

那是他生命中唯一在意的女子，在意到深深地刻进心底，不见天日，生怕记忆的碎片一拉出来便会风化。

在最冷的时候他们只能依靠彼此的体温取暖，最贫穷的时候，连一碗五块钱的牛肉拉面都吃不起，两人只能点一碗清汤拉面，三块，一大碗，在狭小的出租间里分着吃。后来他遇见杜茉舒，他在杜茉舒面前，高大翩翩。杜茉舒眯了眼，说："顾天梁我爱你，我会给你最好的，温乐纤，她能给得了你什么？"

分手的那一晚，温乐纤拿了几万的分手费，与顾天梁一道去吃了牛肉拉面。那一碗的牛肉特别足，许是老板看到他们这么多年终于点了一次有牛肉的拉面，特别招待的。温乐纤摘掉氤氲了热气的眼镜，一面吃，一面辣得流眼泪。她大口大口地喝汤，嘴唇被烫得樱桃红，她喃喃地说："天梁，牛肉真的很香。"

那是她留给顾天梁的最后一句话。温乐纤三天后在出租房叫了外卖的牛肉面，就着面汤吃下了整瓶安眠药。

这便是顾天梁心里永远抹不掉的裂痕，无法愈合，每一次寂寞的时候便开始滴新鲜的痛。他寻找与温乐纤容貌相近的女子，每一次欢爱后都会自顾言语似的说这段故事，那是最好的时光，我辜负了那段最美的时光啊！仿佛说出了，心里堵塞的那团暗涩便会退掉几分。

谁都以为这是一个成功男人瞎编的故事，只有凌蔓荷在听完之后长久地叹息。她抱着顾天梁的膝盖，把脸搁在上面，不停地问："你给了多少分手费？是五万吗？与我的一样？"她抬起脸，是泪眼，有些红肿。

是的，凌蔓荷是顾天梁第二个给了分手费的女子。

越是风平浪静，顾天梁越是烦躁。他不断地寻找理由要支开凌蔓荷，杜茉舒却是这般中意凌蔓荷，女儿出国在外，她就把凌蔓荷当作女儿，养花买菜，寸步不离。

他见缝插针，直直地问凌蔓荷："你要什么？你到底要什么？"凌蔓荷看着眼前的这个男人，心里就裂帛般疼痛。

她想说："我什么都不要，只要能看着你就好。"但嘴中却是轻蔑地吐出，"看你的诚意，你给什么我就要什么。"钱就源源不断地汇入她的账户，足够她念完大学，过一段无忧的人生。

董事局的股东大会对顾天梁来说是多么重要啊。凌蔓荷的眼角飘得高高的，到了夜晚听见主卧中杜茉舒夸张的叫声，就像被撕裂一般，捂着胸口，站在阳台上不断地抽烟。

她认识顾天梁，已经十年，只是那一次，从小缺失父爱的她就对顾天梁倾心，懂事成年后也以顾天梁为择夫标准。

其实杜茉舒怎会不明白顾天梁的过往，她每年有二十多万是耗在私家侦探身上，她就是喜欢那种独揽大局的感觉，即使背叛，她也要了如指掌，她是在对凌曼荷示威，等待着因为嫉妒即将出演的好戏，忍耐了这么多年，她早就不在乎撕破这张脸皮。

只是连顾天梁也没有料到，他花费在凌蔓荷身上的钱，一分不少地还到他的账号里，只少了五块，那是温乐纤的一生，也是凌蔓荷的第一次，第一次爱情。她就这样留下钱，消失在空气中，杳无音讯。

顾天梁瘫坐在椅子上，知道从此真的是辜负了所有的好时光。他过去拥有过，将来再也不会再拥有。

【燕子心语】

不要爱上已婚男

遇到一见钟情的已婚男人，那么，你只有两种选择。

一种是放弃。眼巴巴地看着他生活在别的女人身边，让这份爱在心中慢慢枯萎，谁叫你没有先她遇到他呢？

另一种是抢过来。咬牙切齿彪悍生猛地把他从别的女人身边抢过来。女人一旦主动起来，虽然不一定能将一见钟情的他降服，但和他走在一起的概率大大提高倒是真的。

抢来的男人，是爱情的战利品，抢来的时候很有成就感，在接下来两人的相处过程中，却未必能永远占上风。

因为你年轻貌美，或许根本不用你煞费苦心，那个与你一见钟情的已婚男就摇着尾巴在你面前乞怜。

你以为得到了天底下最美好的真爱，其实只是一份在渐渐枯萎的爱情，已婚男爱上新鲜女的故事很俗套，却让很多人不懂迷途知返，她们已经沦陷在已婚男浪漫的攻势中，他们更懂得女人需要什么。

对别人家的男友一见钟情还好，毕竟他未婚你未嫁，你不是完全没有机会。但许多花样年华的女人对别人家的老公一见钟情，这就坏事了。别人家的老公经过岁月的打磨和婚内女人的打造，一般成熟幽默深懂女人心，一个情窦初开的女人对一个风度翩翩的绅士一见钟情，或许是女性的本能。可是如果为了让一见钟情有个归宿，而涉入他人的婚姻生活，那就是人人喊打的第三者了。

遇到一见钟情的男人，要淡定再淡定。不要急于表白，先摸清他的底细，他的工作、家庭、婚恋情况。全方面地了解之后，再决定是否继续钟情于他。

依靠直觉寻爱的女人们，请记住：有些爱，可以浓墨重彩，细致刻画；

有些爱，只能写意般的浅尝辄止，才是最美的滋味。

而总在缅怀过去好时光的已婚男人们，请你们远离未婚女，假如，还有一些男人担当的话。

幸福法则十二：给婚姻里留第二根稻草

一段长久的婚姻有时真的需要使用浑身解数，谁让婚姻不像恋爱那样，说断就断，说分就分呢。

夫妻做到情人份儿

雅萍和李牧的离婚，闹得不大，算是和平分手，不动刀，不动枪，领了离婚证那天，李牧回家去收拾行李走人，邻居还以为他要出差。

离婚的原因很简单，李牧出轨了，而且是在雅萍生日那一天，他忘了老婆的生日不要紧，她生日的当天，李牧正好出差到省城，那一天，也是她一时兴起，要给他一个惊喜，把自己打扮得漂漂亮亮去了省城，没想到却撞见他和一个女孩挽着胳膊从酒店下来。看那模样，就是激战了一夜准备一起去吃早餐呢。

雅萍当场崩溃，嘶喊着给他们一人一个巴掌，仰着脖子离开了，是她提的离婚。

婚离得很干脆。李牧说早就烦了雅萍管他。离婚后，李牧搬回了婆婆家，而雅萍则住在他们原来的房子里。整套房子里全都是和李牧共同生活过的痕迹，雅萍干脆重新装修房子，让自己忙一些，也好没有那么多的时间伤心。

刚刚把旧家具都扔掉，婆婆带着李牧还有一个装修设计师来了。婆婆说："萍萍呀，你要装修房子又要上班，我把这小混蛋捉来帮你做监工，你看，连装修师傅都带来了。"

看着婆婆几近哀求的眼神，同来的两个装修师傅又都是认识的人，雅萍不好闹得太僵，便应了下来。李牧倒是知趣，马上和两个装修师傅忙开了。

他倒是殷勤，比起结婚装修那会儿都仔细，每一处改动都考虑到雅萍的喜好，不像结婚时为了窗帘的颜色都会互不相让地吵一架。想到此，八年来和李牧的种种涌上心头，不免又想到了许多伤心事。

第二天下班前，婆婆和公公都轮着给雅萍打电话："萍萍呀，你那房子在装修，又吵又乱，空气也不好，你要上班什么的，先搬来我们这边住着吧。房间都给你收拾好了。我让小兔崽子去接你了。行李你不用担心，我收拾过来了。"

婆婆絮絮叨叨说了一大堆，雅萍还能说什么呢？下班时间到了，本来想等人都走完后绕到后门回家，就听同办公室的一个大姐说："哟，李牧呀，来接老婆了，真是模范丈夫啊。"

她一抬头便看见李牧站在办公室门口，正谄媚地对办公室大姐点头哈腰地笑。

李牧打开了副驾驶座的车门，雅萍没上车。李牧只好关了前门开后厢门，一路他们都没有说话。婆婆迎在门口，公公在厨房里炒菜，他们都没理李牧。

夜里，雅萍早早就进了婆婆家的客房休息。雅萍在床上辗转难眠，雅萍是认床的人。以往每一次回来，他们都是住李牧结婚前住的房间。也不知过了多久，李牧来敲门，他说怕雅萍睡不好，要和她换床。

雅萍到了李牧的房间，还是睡不着。想一想，虽然和李牧离婚了，但他仍然不断地出现在自己的生活中，她原本以为自己心已经死了，竟然也没有狠得下心拒绝与他相处。

自此，雅萍便在李牧父母家住下来了。李牧睡客房，每天大早便起来跑去帮雅萍看着装修，毕竟是相爱多年的人，他了解雅萍的喜好，有时候为了雅萍喜欢的颜色跑几天建材市场，装修的速度也很慢。雅萍偶尔去看一次，工人们都在忙。

离婚后的雅萍和李牧，各有各的朋友圈子。离婚后，雅萍觉得没有理由再时时占着他，便经常与她的朋友出去玩。以前雅萍会叫上李牧，而李牧多半说不认识她的朋友不愿意去。现在雅萍再也不叫他了，晚上回来晚了，他会打电话问雅萍有没有人送她回家，要不要他去接。

李牧有聚会，每次也都问雅萍："你有空陪我去不？"雅萍肯定是不去的。李牧自己出去，也在晚十一点前就回来了。

离婚前雅萍每次都想跟着他出去玩，每次都闹得很不开心。他的朋友也都不知道他已经离婚，偶尔见了雅萍，就问："最近怎么不和大哥来玩呀。"雅萍笑笑走开了。

李牧一直没有把结婚戒指脱下来，雅萍不知道，他那么干脆地和雅萍离了婚，为什么却不肯向他的朋友承认婚姻破裂。

雅萍的房子终于装修好了，婆婆以刚刚装修好不宜立即入住为由又留雅萍住了一个多月。而李牧除了上班时间就一直黏着雅萍，甚至已经开始用整整一个下午陪雅萍逛街，送她花，请她吃饭，回来的时候，大包小包地帮她提着。

雅萍从婆婆家搬走的那天，李牧眼睛都红了，看着雅萍收拾东西一直不肯说话。雅萍心里也有莫名的难过，这一走，雅萍便再没有理由来这里了。雅萍拖着行李箱走到玄关处的时候，身后是李牧的抽泣声，令雅萍倍加难过。刚打开门，婆婆房里忽然传来公公的叫喊声："萍萍！快来呀，你妈犯病了！"

雅萍和李牧看到婆婆倒在地上，赶紧把她送进了医院，医生护士一阵忙乱，婆婆总算醒了，她抓住雅萍和李牧的手说："唉，萍萍，你们要是分开了，我死都不瞑目。"

婆婆的手放开了，李牧抓住雅萍的手，却一直不肯放开。李牧当着公公婆婆的面说："萍萍，再给我一次机会，让我用后半生向你说对不起，好不好？"雅萍点头的时候，李牧惊喜地紧紧抱住她。但雅萍的下一个条件让李牧差点傻了眼："我现在不想与你复婚，我们先同居吧。"

雅萍和李牧离婚后的同居生活就开始了。他们一起反省了他们上一阶段婚姻失败的原因，李牧需要私人空间，而雅萍的管束则太过严格，导致了李牧的逆反性出轨。

雅萍和李牧做了个名叫"夫妻做到情人份儿"的家庭计划，内容包含了收支财政，家务分工，私人空间，造人计划，孝敬父母等多方面内容。

财政方面雅萍决定实行专政。李牧和雅萍离婚期间开始投资了些股票基金赚了一些钱，所以家里的开支大部分由他支付。他们两人的工资则作为后备资金与创业资金存起来。这样一来，他们的收入便对对方明朗化，有利于共同创业。

关于家务，两人平均承担，雅萍擦桌子他就拖地，雅萍做饭他洗菜，势必将男女双双做家务实行到底。如果有一方不想做，则以三次“石头剪子布”定乾坤，赢的人说了算。李牧说：“其实一边做家务一边和你聊天也挺有意思的。”

私人空间方面，一人一台电脑便解决了问题。朋友约去聚会的时候，如果不邀请伴侣，他们各玩各的，十二点前约好一起回家。

和李牧做同居情人后，雅萍反而变得开心了。再不像以前，为他出去玩而心情不好，雅萍也开始积极地发展自己的朋友圈子，不再以李牧为唯一，给了他空间，也给了雅萍自己空间。慢慢地，李牧的钱包里雅萍的照片装得很显眼，动不动就提一声我老婆萍萍是个好女人。

雅萍想，李牧送给自己的那一份痛苦的二十八岁生日礼物，终于悄悄地静默在岁月里。

雅萍怀孕的那天，李牧高兴坏了。用了一个小时打电话告诉他认识的人他要做爸爸了。然后跑出去，买了一大把的玫瑰向雅萍求婚。雅萍调皮地说要考虑考虑。

李牧的出轨，就像一场风暴，风暴过后，雅萍需要重新建立他们的快乐。

宝宝终于出生了，是个儿子。全家人高兴得不得了，李牧姿势极专业地抱着孩子，向雅萍献宝似的说：“一个儿子哦。老婆你真伟大。”雅萍此时此刻真切地感觉到了幸福。

自从儿子出生后，李牧便不肯再叫雅萍的名字，人前人后都亲热地老婆长老婆短地叫。别人都打趣说，这两口子怎么结婚越久越甜蜜了？

和雅萍复婚的那天，李牧抱着儿子拍了全家福，他说得把这张特殊的全家福一直摆着，以后长大了要是儿子不懂事，就用老爸的事教育他。

雅萍一拍李牧的脑袋，说："他要是敢，我把你们一起赶出去！"

"怎么会，怎么会，老婆，我一定做最好最好的表率！"

【燕子心语】

把自己站成一棵风姿绰约的树

婚姻的围城里，彼此都要留有相对的空间，这个空间既是婚姻保鲜的砝码，也是你进可攻退可守的聪明选择，若即若离的继续、持续不断的感情投入，比从一开始就被人看透了的女人更幸福。

对有些女人而言，婚姻本身就是一根稻草，她们准备抱着这根稻草终身到老。但命运变幻莫测，她应该在婚姻中备第二根稻草，一根自尊自爱的稻草。把自己站成一棵独立自尊的橡树，你才有资本和能力去跟另一棵参天树招摇互动。

在婚姻中，付出得直接、彻底，意味着这个女人的壮烈，但对女人的未来并不会有任何保障。你为他付出得多，未必代表他将来会专一于你，以十倍百倍回馈你的牺牲。他不一定会用一生情一世的爱来回报你。

有些男人，承载不起你的恩重如山。

你越是付出，在他心中越是没有分量。你的牺牲在他的眼里是软弱，他一边心安理得地享受你的付出，一边轻视你背叛你找个小三谈情说爱，他和小三得意地笑又得意地笑。

错错错。男人有错，女人也有错。错把自己当成了他的妈，错爱他爱到失去自我。

甚至你会痛悔当初，当时不为他的病情四处奔波，虽然拖着病体，也许他现在整个人还都是你的。

男人之所以肯把自己的一生和一个女人联系在一起，毕竟是真爱的，可是男人出轨也未必就是贪图一时之乐，80%的男人出轨对象身上都能找到自己妻子的影子，之所以情感转移，不过是婚姻生活已经让女人失去了“情人”的魅力。

总之，世界上没有完美的爱情，王子和公主也不可能从此过上了幸福的生活，所以在爱情之初就不要抱太大的希望，一旦爱情中出现任何波折，也就会坦然许多。

婚姻中最该坚守的不是牺牲，不是专一，不是隐忍，而是时刻不能失去自己。坚守住自己的位置和姿态，也就等于给婚姻留了一根救命稻草。

图书在版编目（CIP）数据

燕子夜话：谁都有权更幸福/燕子著. —上海：文汇出版社，2012. 4

ISBN 978 - 7 - 5496 - 0479 - 1

Ⅰ. ①燕… Ⅱ. ①燕… Ⅲ. ①故事—作品集—中国—当代 Ⅳ. ①I247. 8

中国版本图书馆 CIP 数据核字（2012）第 050729 号

燕子夜话：谁都有权更幸福

著　　者：燕　子
策 划 人：李培勇　姜佩东　杨　舒
责任编辑：张　涛
装帧设计：嫁衣工舍

出 版 人：桂国强
出版发行：文匯出版社
上海市威海路 755 号　邮政编码：200041
经　　销：全国新华书店
印刷装订：上海新文印刷厂

版　　次：2012 年 5 月第 1 版
印　　次：2012 年 5 月第 1 次印刷
开　　本：720 × 960 毫米　1/16
字　　数：200 千
印　　张：13. 75

ISBN：978 - 7 - 5496 - 0479 - 1
定　　价：28. 00 元